Weitere Informationen zum Kinder- und Jugendbuchprogramm der S. Fischer Verlage finden sich auf www.blubberfisch.de und www.fischerverlage.de

Erschienen bei FISCHER Sauerländer

© 2017 S. Fischer Verlag GmbH,
Hedderichstr. 114, D-60596 Frankfurt am Main
Alle Rechte vorbehalten

Das Kapitel „Über Farben" stützt sich auf die Farbenlehre von Johannes Itten.
Johannes Itten: Kunst der Farbe. 2009, Christophorus Verlag GmbH & Co. KG, Freiburg

Umschlaggestaltung: Atelier Seidel, Teising mit Illustrationen von Jan Reiser
Layout: Christina Hucke
Satz: Tanja Haaf
Herstellung und Druck: Grafisches Centrum Cuno, GmbH & Co. KG, Calbe (Saale)
Printed in Germany

ISBN 978-3-7373-5503-2

JAN REISER

STRICH und FARBEN

— Die große Zeichenschule —

SAUERLÄNDER

INHALT

EINLEITUNG

Hallo lieber Stiftschwinger,

ich freue mich, dich in meinem kleinen Zeichenkurs begrüßen zu dürfen und dass du neben den Hausaufgaben und dem Ärger mit deinem kleinen Bruder (Schwester/Eltern/Lehrer/Hund) ein wenig Zeit gefunden hast, dich mit etwas Schönem zu beschäftigen.

Zeichnen lernen heißt lernen, genau hinzusehen. Das kannst du? Gut. Dann gibt es nur noch drei Sachen, die du tun musst: zeichnen, zeichnen und … zeichnen! Und das ist eine gute Nachricht, finde ich. Denn was soll man sonst tun, wenn es seit Tagen regnet, nichts Vernünftiges in der Glotze kommt und alle Freunde im Urlaub sind?

**Augen auf
und Stifte raus!
Jetzt gehts los!**

Ich zeige dir in diesem Buch anhand von vielen Beispielen, wie man Figuren und Gegenstände zeichnerisch auf das Wesentliche vereinfacht und daraus lebendige und witzige Zeichnungen macht. Dieses Buch soll vor allem Spaß machen und dich inspirieren.

Wenn du aber ein richtig guter Zeichner werden willst, solltest du zusätzlich weiterhin nach der Natur zeichnen. Das bedeutet, dich vor Gegenstände, Menschen und Tiere zu setzen und sie abzuzeichnen. (Ein Besuch im Zoo ist oft sehr aufschlussreich.) Geh in die Bücherei und leih dir Bücher über Anatomie und Perspektive aus. Versuche, Zusammenhänge in der Funktion von Gegenständen zu erkennen. Dann wird es dir auch bald gelingen, die zeichnerischen Kniffe aus diesem Buch auf deine eigenen Motive anzuwenden.

WIE MAN DIESES BUCH VERWENDET

Jede Illustration in diesem Buch entsteht in vier Arbeitsschritten:

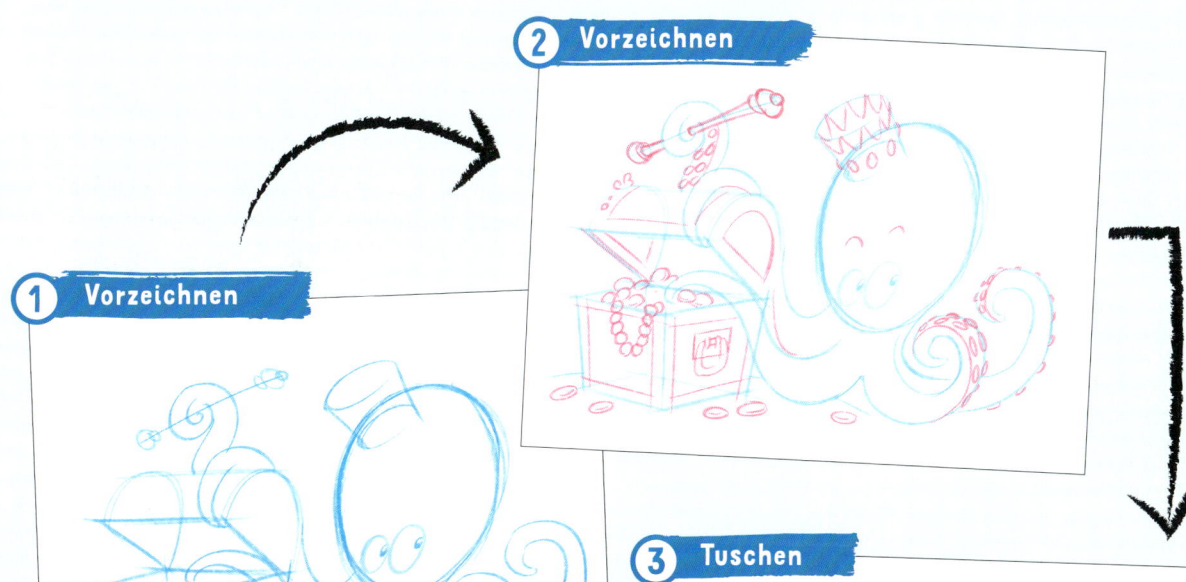

Wenn die Umrisslinien gemacht sind und du die Vorzeichnung wegradiert hast, beginnst du mit dem **Ausmalen**. Mehr dazu findest du ab Seite 12.

Die **Vorzeichnung** habe ich in zwei Schritte unterteilt. Im ersten Schritt wird das Bildmotiv aus einfachen Formen aufgebaut. Im zweiten Schritt kommen die Details hinzu. Ich habe hier für jeden Schritt eine andere Farbe verwendet, damit du besser sehen kannst, welche Striche neu sind. Du nimmst für die Vorzeichnung besser einen Bleistift. Dessen Striche kann man ausradieren.

Beim **Tuschen** legst du dich auf eine Umrisslinie fest und zeichnest sie mit schwarzem Stift nach. Die Vorzeichnung wird wegradiert.

9

KLEINE MATERIALKUNDE

Minderwertige Stifte, Farben und schlechtes Papier können einem das Zeichnen und Malen unnötig erschweren. Gleichzeitig kann gutes Material auch sehr teuer sein. Daher solltest du nur das nötigste Material kaufen, dabei aber auf gute Qualität achten.

Anspitzer

Ohne Anspitzer geht natürlich nichts, obwohl ich es nicht mag, wenn ein Bleistift zu spitz ist, weil er dann das Papier verletzt und nicht vernünftig läuft. Nimm einen Spitzer mit Becher, dann bleibt dein Arbeitsplatz sauber.

Bleistifte

... gibt es in unterschiedlichen Härtegraden. Harte Bleistifte (H, 2H usw.) eignen sich gut für Vorzeichnungen, weil man sie besser radieren kann.

Mit weichen Bleistiften (B, 2B, 3B usw.) kann man bequemer zeichnen, und der Strich ist schön dunkel. Dafür schmieren sie beim Radieren leichter. Ein guter Kompromiss ist daher HB.

Papier

Nimm festes Zeichenpapier (mindestens 120 Gramm/m²), das für verschiedene Techniken geeignet ist. Es knickt nicht so leicht, ist undurchsichtig und wellt sich nicht, wenn es feucht wird. Zu glattes Papier ist ungeeignet für Buntstifte, zu fluffiges Papier geht beim Radieren leichter kaputt.

Kaufe nicht viel aber dafür gutes Material!

Radiergummi

Das ist eine Wissenschaft für sich, und es lohnt sich, auszuprobieren, womit man am besten klarkommt. Wichtig ist, dass der Radiergummi nicht schmiert. Es gibt Knetgummis, mit denen man die Zeichnung regelrecht abtupfen kann.

Filzstifte

Für die Umrisse eignen sich am besten sogenannte Fineliner. Es gibt sie in verschiedenen Stärken und sogar mit Pinselspitze, sodass man die Strichstärke variieren kann.
Achte darauf, dass sie lichtecht und möglichst auch wasserfest sind.

Buntstifte

... sind einfach zu bedienen, einfach mitzunehmen und sie klecksen nicht. Man kann die Farbintensität mit dem Stiftdruck steuern. Buntstifte sollten weich sein und viele Pigmente enthalten. Manche kann man mit Wasser vermalen wie Aquarellfarbe.

Andere Farben

Selbstverständlich endet das Angebot an Farben nicht bei den Buntstiften – es gibt Filzstifte, Marker, Aquarell-, Acryl-, Gouache-, Tempera- und Ölfarben, Pastellkreide und Airbrush-Tusche. Probiere aus, was du in die Finger bekommst! Alles ist erlaubt.

ÜBER ZEICHENTECHNIK

Dein persönlicher »Strich« oder »Zeichenstil« ist wie dein Fingerabdruck – einzigartig und unverkennbar. Je mehr du zeichnest, umso mehr wirst du ihn formen und verbessern. Wenn du merkst, dass dir gewisse Formen (zum Beispiel gleichmäßige Ellipsen) nicht gelingen, oder wenn du beim Zeichnen Schmerzen in der Hand hast, dann liegt das möglicherweise daran, dass du verkrampfst. Daran kann man etwas ändern ...

Beim Zeichnen kommt die Bewegung aus dem Handgelenk und aus den Fingern. Die Hand ruht auf dem Ballen. Der Stift liegt locker auf dem Mittelfinger und wird von Daumen und Zeigefinger gehalten. (Pinzettengriff)

Mach beim Zeichnen kein Hohlkreuz und auch keinen Buckel. Versuche, mit geradem Rücken zu sitzen.

So sitzt du richtig!

Ober- und Unterschenkel sollten einen rechten Winkel bilden, die Füße gerade auf dem Boden stehen.

Große Schwünge und Ellipsen zeichnet man eher aus dem Arm heraus. Dabei hältst du den Stift so fest, dass er sich nicht bewegen kann. Das erreichst du, indem du die Finger krümmst.

Lebendiger Strich

Comiczeichner zeichnen die Umrisslinien ihrer Figuren meist mit Zeichenfeder oder Pinsel. Je nachdem, wie fest man aufdrückt, variiert der Strich in der Stärke. So wirken die Zeichnungen schwungvoll und lebendig.

Mit Bunt- oder weichen Bleistiften kann man das auch bis zu einem bestimmten Grad machen. Achte darauf, die Linien möglichst in einem Schwung durchzuziehen. Fineliner variieren nicht in der Strichstärke. Deshalb muss man sich bei ihnen mit einem Trick behelfen. Man zeichnet eine innere und eine äußere Kurve. Beide beginnen am selben Punkt und treffen sich am Ende. Die Fläche dazwischen malt man mit Schwarz aus.

Aufwärmen

Wie ein Sportler kannst du dich auch vor dem Zeichnen aufwärmen. Du schnappst dir dazu ein paar Blätter billiges Papier, um das es nicht schade ist, und dann kritzelst du alles voll mit Ellipsen, Achten, Wellen- und Zickzacklinien. Versuche, dabei so gleichmäßig wie möglich zu zeichnen und den Stift nicht abzusetzen.

Variiere die Formen in ihrer Größe. Zeichne ganz kleine Ellipsen und dann ganz große. Finde heraus, was dir besser gelingt.

Versuche, mit unterschiedlichem Druck zu arbeiten, und beobachte, wie sich der Strich verändert.

ÜBER FARBEN

Du hast so ein tolles Buntstift-Set zum Geburtstag bekommen, und dennoch fehlt dir die eine Farbe, die du für dein Bild brauchst? Kein Problem. Zum Glück kann man Farben mischen.

Ein Maler mischt seine Farben auf der Palette. Wenn du mit Buntstiften arbeitest, mischst du die Farben direkt auf dem Papier, indem du verschiedene Farben übereinandermalst. Mit manchen Farben geht das super. Man bekommt strahlendes Orange, sattes Violett oder saftiges Grün. Andere Farben lassen sich hingegen überhaupt nicht kombinieren. Wenn du Rot und Grün mischst, kommt ein schmutziges Braungrau dabei heraus. Woran liegt das?

Alle Farben lassen sich aus den drei Grundfarben mischen: Rot, Gelb und Blau. (Schwarz und Weiß zählen nicht zu den Farben, weil du sie zu jeder Farbe hinzumischen kannst und dabei nur ihre Helligkeit und nicht den Farbton veränderst.)

Wenn du alle Grundfarben zusammenmischst, entsteht Schwarz (oder Grau). Mischst du jeweils nur zwei der Grundfarben miteinander, entstehen Orange (Rot und Gelb), Grün (Gelb und Blau) und Violett (Blau und Rot).

Ordnet man die sechs Farben in einem Kreis an, so liegen sich jeweils eine Grundfarbe und die Mischfarbe aus den beiden anderen Grundfarben gegenüber. Also: Rot liegt gegenüber von Grün, welches aus Blau und Gelb gemischt wird.

Mischt man nun Rot und Grün zusammen, hat man also genau genommen eine Mischung aus allen drei Grundfarben. Deshalb kommt Schwarz oder Grau dabei heraus.

Man sagt: Rot und Grün sind »Komplementärfarben« – sich ergänzende Gegensätze. Stellt man diese Farben nämlich nebeneinander, entsteht ein Gleichgewicht. Keine Farbe kann die andere überstrahlen. Das hängt damit zusammen, dass wir Menschen einen Farbdreiklang als besonders harmonisch empfinden, wenn alle drei Grundfarben darin vorkommen.

DER FARBKREIS
NACH JOHANNES ITTEN

GRUNDFARBEN:
(PRIMÄRFARBEN)

MISCHFARBEN:
(SEKUNDÄRFARBEN)

(TERTIÄRFARBEN)

KOMPLEMENTÄRPAARE:

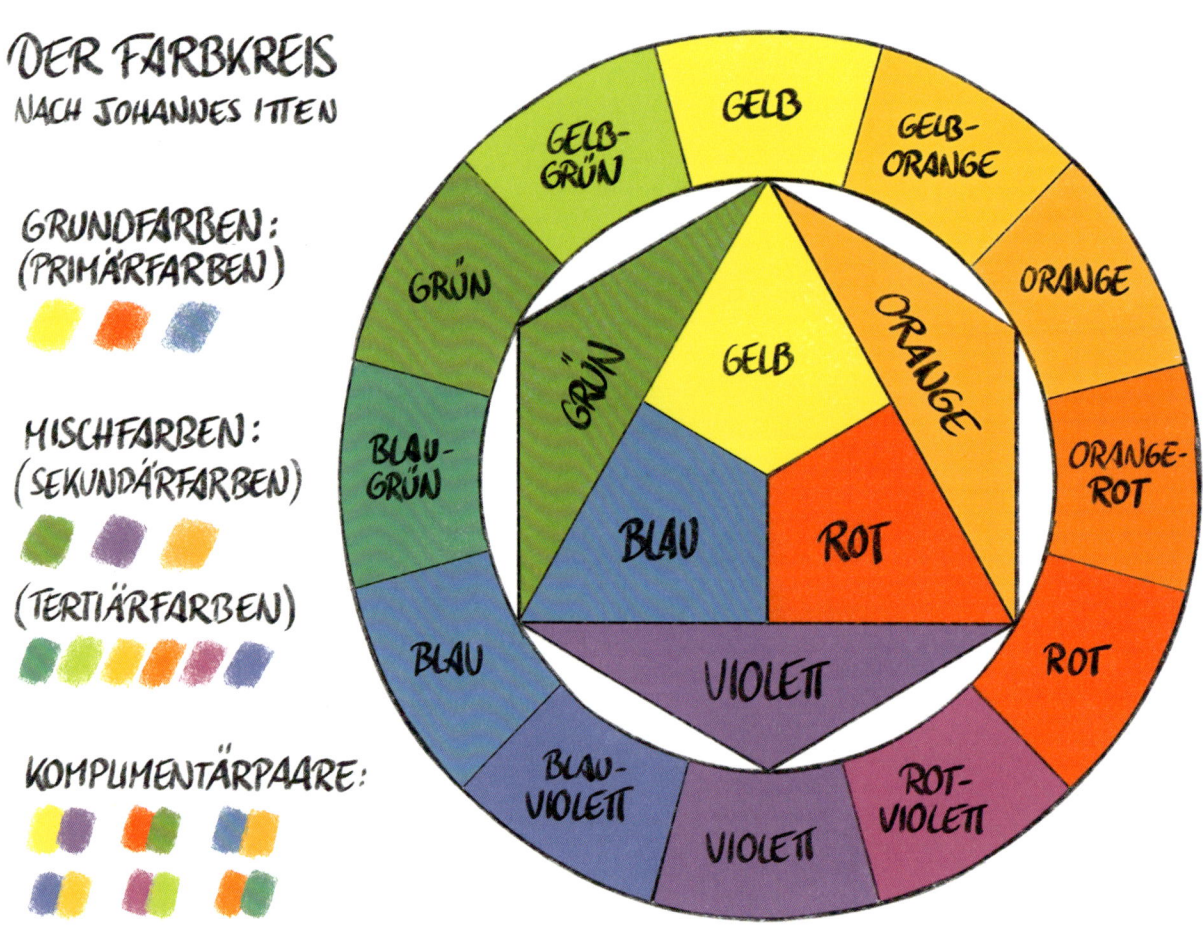

TIPPS ZUM ARBEITEN MIT BUNTSTIFTEN

Das Schöne am Arbeiten mit Buntstiften sind die feinen Farbabstufungen, die man nur durch unterschiedliches Aufdrücken erzeugen kann. Für Schatten verwendet man einen dunkleren Farbton, den man einfach über den helleren malt. Bei einem grünen Apfel würde man für den Körperschatten entweder ein dunkleres Grün, Schwarz oder – noch eleganter – Dunkelblau oder Violett verwenden. Denn Schatten sind selten völlig schwarz. Bei Tag werden die Schatten meist durch das Licht des Himmels aufgehellt und erscheinen daher bläulich. Lichtreflexe, die völlig weiß sein sollen, spart man aus, sodass das Papier durchschimmert.

Hauttöne

Für Hauttöne verwendest du am besten einen orangen Stift und schummerst (siehe S. 17) damit nur ganz leicht, sodass viel Papier durchschimmert. Rote Wangen, Lippen und Ohren werden dann mit Rot schattiert, für Schatten kannst du Dunkelrot, Braun, Blau und Violett verwenden.

Haare

Haare haben einen leichten Schimmer, der nicht völlig weiß ist. Lass beim Malen der Haare Lichtreflexe stehen, setze dann mit dunkler Farbe einige Büschel voneinander ab, und färbe zum Schluss die Lichtreflexe ganz leicht ein.

Indigoblau

... ist meine Universal-Schattenfarbe. Wenn es dir zu stumpf ist, mische es mit etwas Dunkelrot, sodass es leicht ins Violett übergeht. Damit

lassen sich wunderbar die Unterseiten von Wolken, Wasserpfützen und Metalle kolorieren.

Gelb schattieren

Gelb und Schwarz vertragen sich nicht. Gelb wird schmutzig und stumpf, wenn man es mit Schwarz abtönt. Ich habe festgestellt, dass stattdessen Rotviolett als Schattenfarbe gut funktioniert. Das gilt auch für Gelbbraun und Ocker.

Metalle

In Gold spiegelt sich nicht nur Licht (welches du aussparst), sondern auch Schatten. Diesen zeichnest du mit Braun und Schwarz. Silbrige Metalle haben einen bläulichen Grundton (Indigoblau), das ins Schwarz übergeht. Die dunklen Stellen lege ich oft schon in der Umrisszeichnung an.

LICHT UND SCHATTEN

Umrisslinien können eine Form zwar gut beschreiben, in Wirklichkeit werden Formen aber durch Licht und Schatten bestimmt. Daher sollten wir uns hier etwas mit dem Schattieren auseinandersetzen. Schattieren bedeutet, eine Form auf dem Papier nach Hell und Dunkel zu modellieren, sodass der Eindruck von Plastizität entsteht.

Körperschatten

Je weniger Licht auf die Oberfläche eines Körpers trifft, umso dunkler erscheint sie. Die Seiten eines Würfels sind unterschiedlich hell, je nachdem, wie weit sie dem Licht zugewandt sind. Bei einer Kugel sind die Übergänge von Hell nach Dunkel fließend.

Lichtquellen

Als Erstes überlegst du dir, woher in deinem Bild das Licht kommt. Das kannst du dir in etwa so vorstellen, als ob du eine Bühne (dein Bildformat) mit einem Scheinwerfer beleuchtest. In der Regel befindet sich der Scheinwerfer links oder rechts oben vor der Bühne.

Schlagschatten

Scheint die Sonne auf eine Wand, vor der ein Fahrrad steht, so wirft dieses einen Schatten an die Wand. Er ist umso dunkler und schärfer, je heller die Sonne scheint und je näher das Fahrrad an der Wand steht.

Übung

Lege eine Schachtel oder einen Würfel vor dich auf den Tisch, und richte eine Schreibtischlampe darauf. Zeichne den Würfel ab, und versuche, die unterschiedlichen Töne der Seitenflächen zu schattieren.

SCHUMMERN

1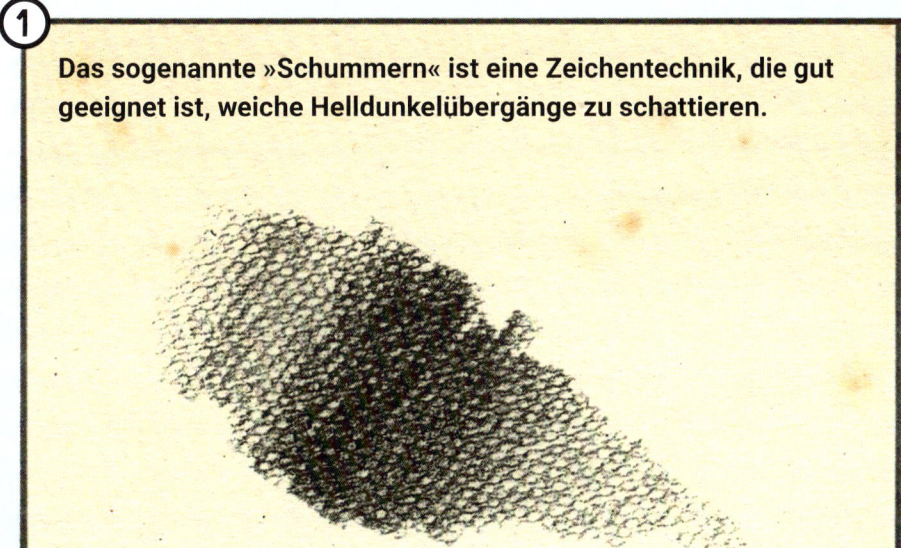

Das sogenannte »Schummern« ist eine Zeichentechnik, die gut geeignet ist, weiche Helldunkelübergänge zu schattieren.

2

Dabei legt man die Stiftspitze/ Mine flach auf das Papier und reibt die Farbe möglichst gleichmäßig am Papier ab. Das Handgelenk bleibt steif, und die Bewegung kommt aus dem Unterarm.

3

Diese Handhaltung eignet sich besser für kleinere Flächen. Die Bewegung kommt aus Fingern und Handgelenk. Mit Daumen und Zeigefinger steuert man den Druck des Stiftes.

4

Eine gute Übung ist es, ein Hühnerei oder einen Tischtennisball möglichst plastisch zu schattieren. Es ist schwerer, als man denkt.

SCHRAFFIEREN

① Wenn man mit einem schwarzen Filzstift oder einer Tuschefeder arbeitet, kann man keine feinen Übergänge schummern. Man wendet eine Technik namens »Schraffur« an.

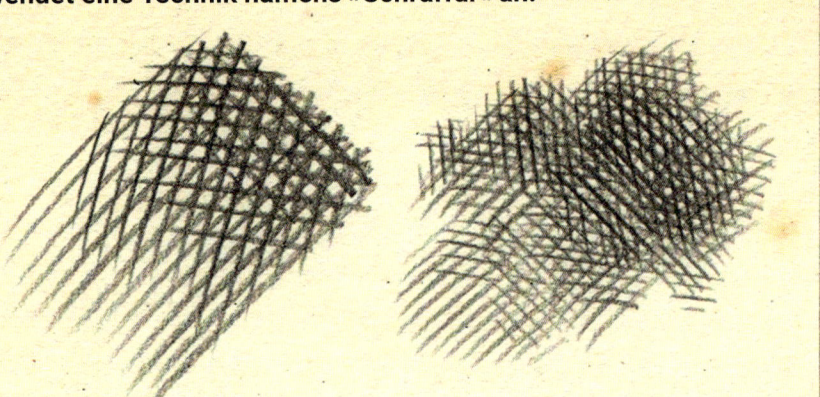

② Dabei hält man den Stift wie beim Zeichnen, nur etwas lockerer. Dann macht man viele kleine parallele Striche von oben nach unten.

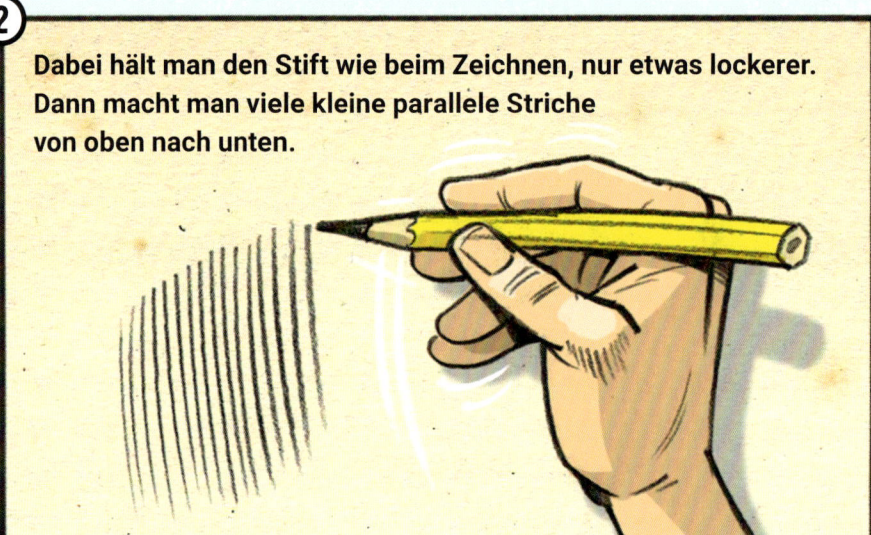

③ Die Bewegung sollte aus den Fingern kommen und nicht zu lang sein. So bleiben die Striche gleichmäßig (1). Man kann auch kleine schraffierte Flächen aneinanderstoßen lassen (2).

Sind die Linien jedoch unregelmäßig (3), sieht das Auge keine graue Fläche mehr, sondern Haare, Gras oder Wellen.

④ Möchte man einen Übergang von hell nach dunkel zeichnen, legt man viele Schraffuren in unterschiedlichen Richtungen übereinander. Je mehr Lagen man hat, umso dunkler wird die Fläche.

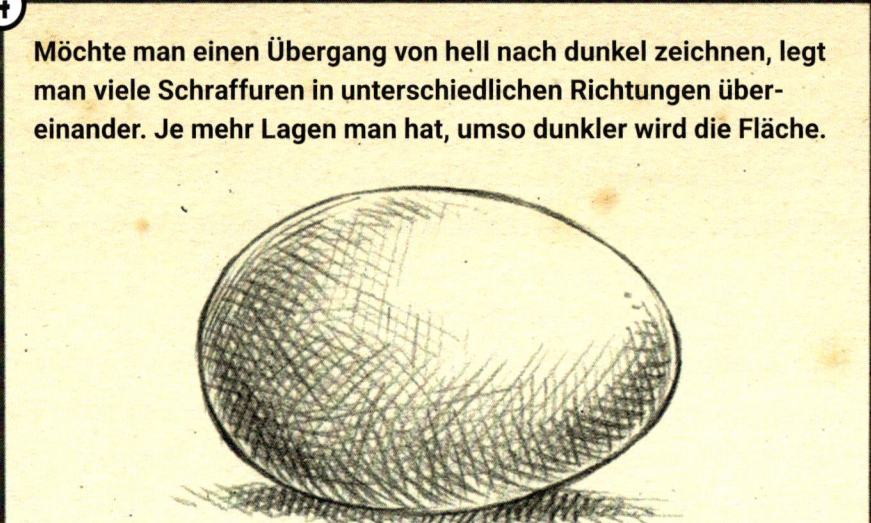

① Wenn man einen Gegenstand schraffiert, sollte man darauf achten, »mit der Form« zu gehen.

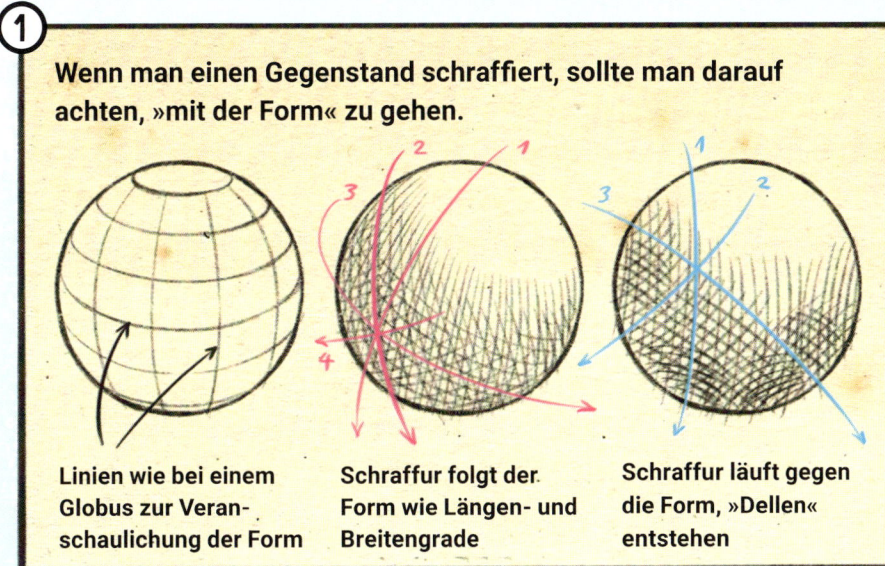

Linien wie bei einem Globus zur Veranschaulichung der Form

Schraffur folgt der Form wie Längen- und Breitengrade

Schraffur läuft gegen die Form, »Dellen« entstehen

② Zeichnet man Fell, Haare, Gras oder andere Strukturen, so kann man diese auch gleich anstelle einer Schraffur verwenden.

③ Dabei sollte man aber immer Striche ins Weiße auslaufen lassen und nicht alles zuschraffieren.

④ Manche Zeichner verwenden statt Strichen auch kleine Punkte, um Formen zu schattieren. Selbstverständlich kann man auch all diese Techniken kombinieren.

FIGUREN AUS EINFACHEN GRUNDFORMEN

Manche Zeichner beginnen ihr Bild links oben und arbeiten sich Stück für Stück bis nach unten rechts vor. Es kann dabei aber passieren, dass man stundenlang am Kopf einer Figur gearbeitet hat, nur um dann festzustellen, dass auf dem Papier kein Platz mehr für die Füße der Figur ist. Um das zu vermeiden, rate ich dir, zunächst das gesamte Bild mit wenigen Strichen flott zu skizzieren und dich erst im Anschluss daran an die Details zu machen.

Runde Formen wie Kreis und Oval wirken weicher und sympathischer als eckige Formen.

Figuren kann man erst einmal als eine Art besseres Strichmännchen anlegen. Eine Kopfkugel, eine »Bohne« als Körper, Striche als Gliedmaßen und Ellipsen als Hände und Füße.

Je nachdem, in welche Richtung die »Körperkurve« geht, strahlt die Figur entweder Kraft und Zuversicht oder Müdigkeit und Niedergeschlagenheit aus.

Wenn man die Figuren aus einfachen Grundformen wie Kreis, Rechteck und Dreieck aufbaut, kann das den Charakter einer Figur enorm unterstreichen.

Je höher der Schwerpunkt bei einer Figur liegt, umso dynamischer wirkt sie.

FINK UND FROSCH

Wir beginnen mit zwei sehr einfachen Figuren. Der Frosch besteht aus einem Sechseck, der Vogel aus einem Oval. Du solltest mit einem Strich den Boden andeuten, damit der Frosch nicht in der Luft schwebt; und der Vogel braucht einen Ast.

DICKER BRUMMER

Auch diese Hummel sollte dir keine großen Rätsel aufgeben. Lass den Eimer einfach weg, wenn er dir noch zu schwer ist. Du hast vielleicht bemerkt, dass die Umrisslinie der Hummel immer wieder »aufbricht«. Dadurch sieht sie schön pelzig aus.

FLEDERMAUS

Was diese Figur knifflig macht, sind ihre Symmetrie und die Farbstimmung, in der möglichst kein Schwarz vorkommen sollte. Male den Hintergrund zuerst nur bis zu Hälfte. Beginne mit einem Übergang von Gelb nach Orange. Über Orange kannst du mit Pink gehen, und von Pink schaffst du einen schönen Übergang zu Violett. Versuche, nicht mit Violett direkt auf Gelb zu arbeiten, damit sich die Farben nicht mischen.

CHEFKOCH

Beginne mit der »Wirbelsäule«. An ihr werden die drei Kugeln für Kopf, Bauch und Mütze aufgehängt. Dann ergänzt du kleine Ovale für die

Beine und Füße sowie Ellipsen für die Pfanne. Ab da ist alles nur noch Detailarbeit. Für die Schatten in der Kochmütze kannst du einfach

Grau verwenden. Eleganter ist es, noch etwas Blau dazuzumischen.

HÄUPTLING

Figuren wie dieser Häuptling, die fast ohne Extremitäten auskommen, finde ich manchmal sehr reizvoll, weil man sich voll auf die Formen konzentrieren kann.

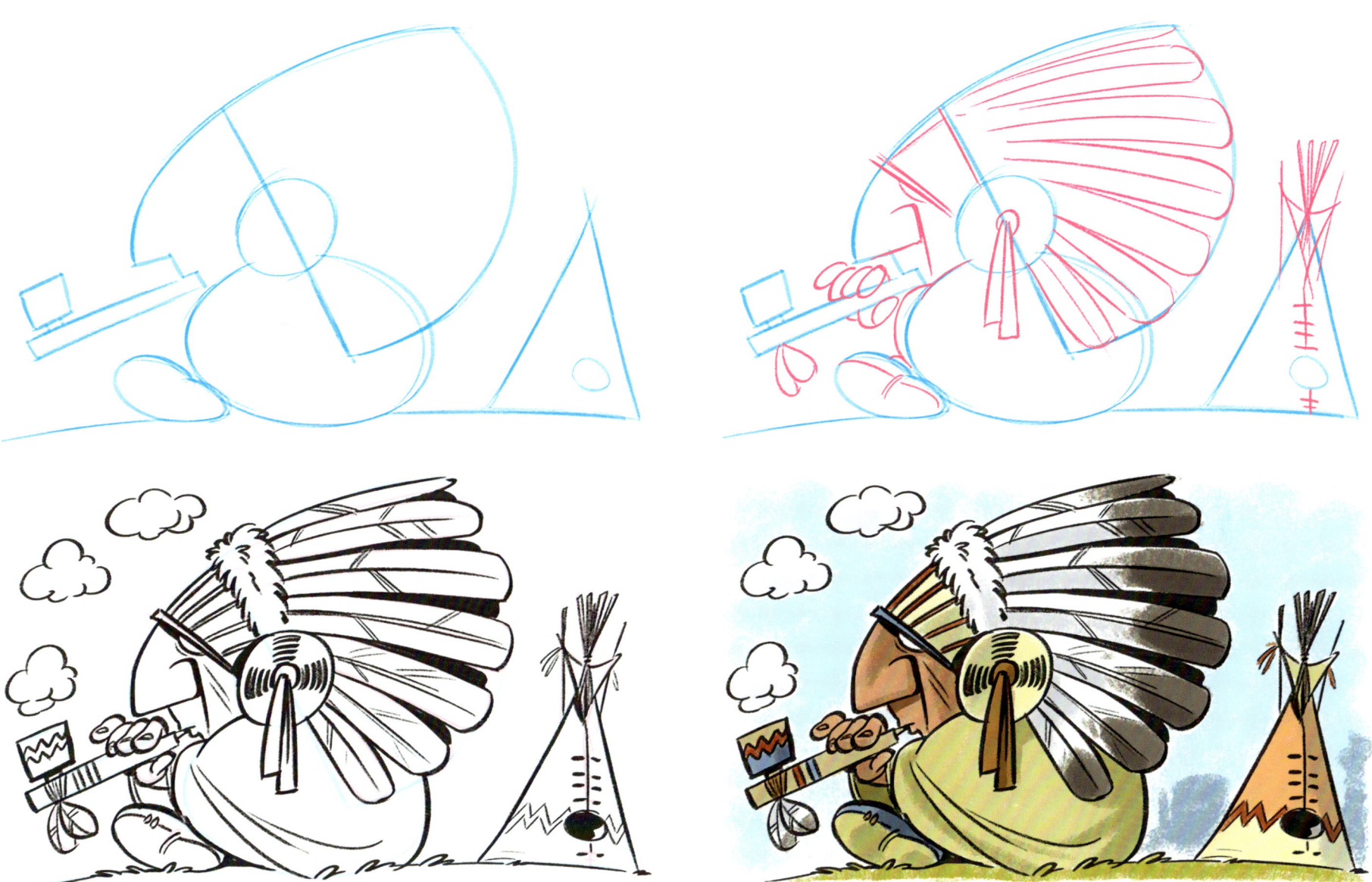

WIKINGER

Dieser furchteinflößende Geselle ist recht einfach zu zeichnen. Hier kannst du dich an den metallischen Oberflächen austoben. Eisen hat einen bläulich grauen Grundton, den du mit Schwarz abdunkeln kannst. Kupfer malst du mit Orange, welches du mit Braun oder sogar Grün schattierst. Messing leuchtet gelb. Sogar die Hörner glänzen. Spare die Lichtreflexe einfach aus.

RIESE

Wenn ich eine Figur entwerfe, versuche ich, mir zuerst vorzustellen, welche Persönlichkeit sie hat. Daraus ergibt sich oft wie von selbst eine Grundform für die Figur. Dieser Riese sollte wie ein »grober Klotz« rüberkommen. Da fiel die Wahl natürlich auf Rechtecke.

IM REGEN

Bei diesem Bild musst du viel Weiß vom Papier durchschimmern lassen. Die Lichtreflexe auf Schirm und Mantel unterstreichen den Eindruck, dass alles richtig schön nass ist. Die Figur selbst besteht ausschließlich aus den Grundformen Kreis, Dreieck und Rechteck.

HUND

Wir wollen das Kind doch nicht alleine an der Bushaltestelle stehen lassen, bei dem Regen!

BLAUWAL

Was zunächst wie eine große Schöpfkelle aussieht, entpuppt sich nach und nach als riesiger Meeressäuger. Achte auf die unterschiedlichen Blautöne. Hier gibt es von Türkis bis Violett unendlich viele Abstufungen.

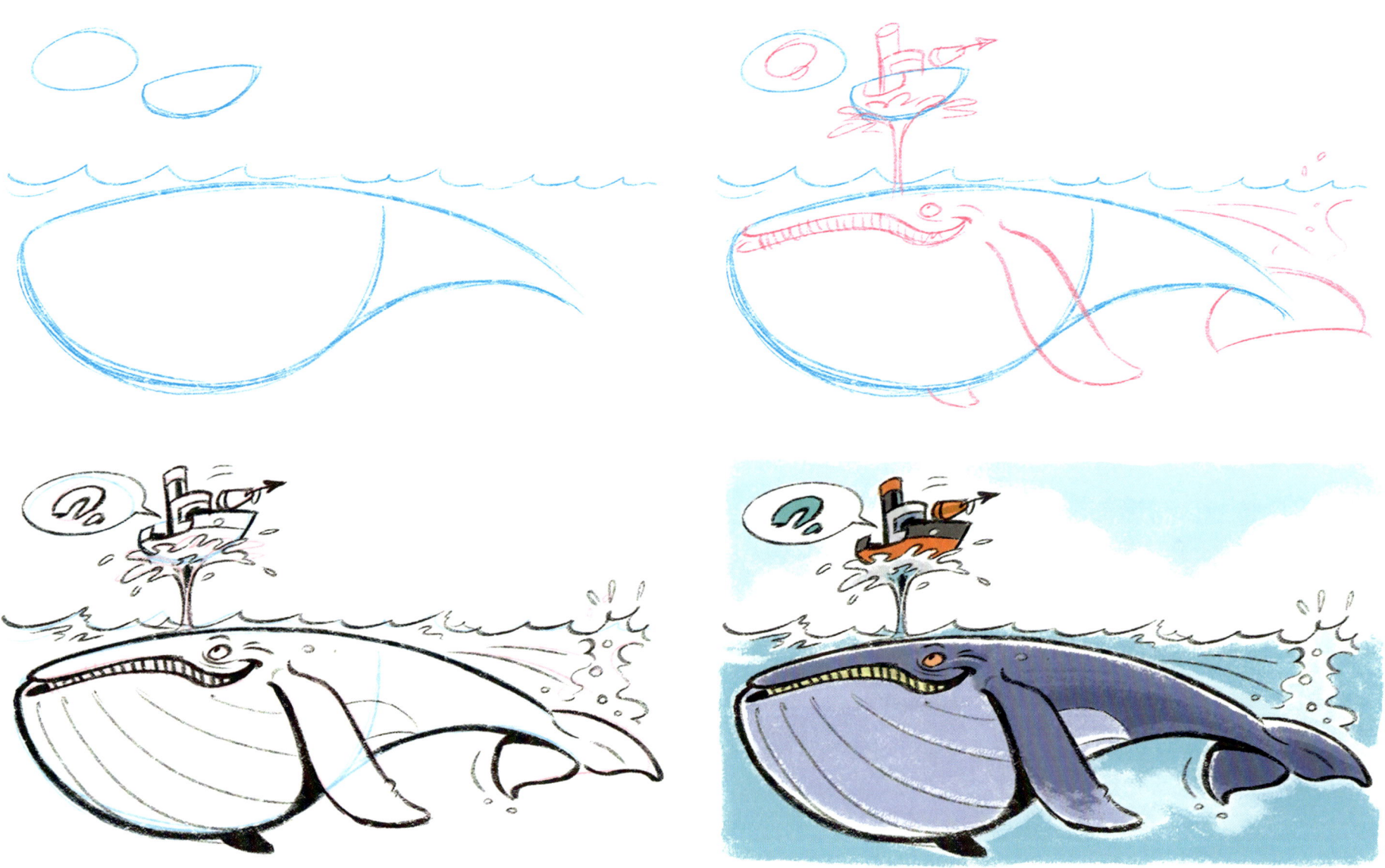

SCHILDKRÖTE

Nicht jede Fläche in einer Zeichnung muss mit einer Umrisslinie eingefasst sein, wie du beim Panzer der Schildkröte sehen kannst. Das rech-te Vorderbein, das noch halb unter dem Kopf hervorlugt, kannst du komplett schwarz einfär-ben. Das erhöht die Tiefenwirkung.

SCHNABELTIER

Dieses merkwürdig aussehende australische Wesen kannst du aus drei »Bohnen« zusammensetzen. Die Beinchen sind sehr stark vereinfacht. Dadurch wirkt die Zeichnung lustiger und dynamischer. Das Fell hat einen Verlauf von Orange nach Braun.

KAMEL

Bei diesem Kamel habe ich getrickst, um keine Beine zeichnen zu müssen. Wenn die nämlich wie hier unter dem Körper zusammengefaltet sind, besteht unser Wüstenschiff aus »Kringeln« und Schlangenlinien. Wie das mit den Beinen geht, erfährst du auf Seite 56.

MONSTER-GITARRIST

Es macht doch immer Spaß, wenn man einmal ein bisschen freier arbeiten kann. Dieser petrolfarbene Saitenquäler ist ein etwas verschobenes Viereck mit Hörnern, Stacheln, einem Schwanz und vier Beinen. Die Farben dürfen ruhig so knallig wie möglich sein.

MONSTER-BASSIST

Dieser coole Tieftöner ist nicht so explosiv wie sein Kollege links. Dafür spielt er dickere Noten. Der Verstärker ist am schwierigsten zu zeich-nen. Wenn du dir damit noch nicht so sicher bist, erfährst du im nächsten Kapitel, wie man an so etwas herangeht.

MONSTER-DRUMMER

Das Tier hinter der Schießbude ist eine Urgewalt. Daher scheint das Bild von innen heraus zu explodieren. Der Eindruck wird durch die Bewegungslinien und die Hintergrundfarbe unterstützt, die strahlenförmig von der Bildmitte nach außen führen. Dies sind alles Stilmittel, die im Comic sehr geläufig sind. Man kann sie aber auch in der Illustration anwenden.

MONSTER-SÄNGER

Kleine Kinder zeichnen sogenannte »Kopffüßler« – Figuren, die nur aus Köpfen mit Armen und Beinen bestehen. Damit geben sie wieder, was für sie am wichtigsten ist. Dieser Sänger besteht eigentlich nur aus einem großen Mund, Armen, damit er das Mikro halten kann, und Füßen. Wo sollte er sonst seine coolen Turnschuhe tragen?

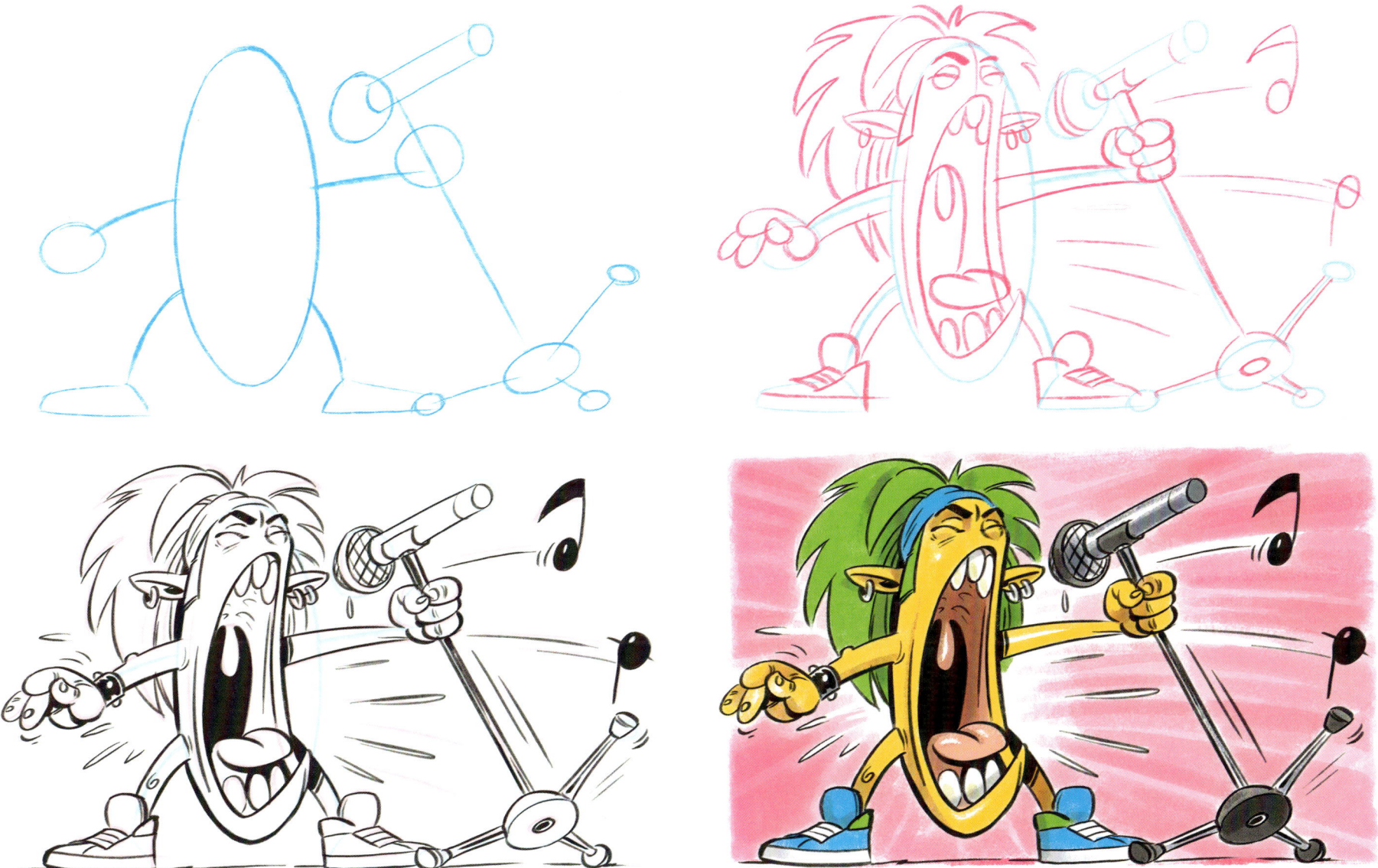

RÄUMLICHES ZEICHNEN VON GEGENSTÄNDEN

Perspektivisches Zeichnen bedeutet, auf dem Papier den Eindruck von Räumlichkeit und Tiefe zu erzeugen, so als würde man wie durch ein Fenster in eine andere Welt schauen. Man kann auch Gegenstände so darstellen, dass sie dreidimensional erscheinen, obwohl sie auf ein flaches Blatt Papier gezeichnet sind. Auf den nächsten Seiten zeige ich dir, wie das geht.

GLEICH GROSSE ABSTÄNDE

DIE KANTEN UNSERES WÜRFELS FÜHREN IN DREI UNTERSCHIEDLICHE RICHTUNGEN.

VIER KANTEN FÜHREN VON UNS WEG IN DIE TIEFE DES RAUMES UND AUF EINEN GEMEINSAMEN FLUCHTPUNKT ZU.

VIER WEITERE LAUFEN IN DERSELBEN RICHTUNG WIE UNSER HORIZONT UND DIE WAAGRECHTEN RAHMENLEISTEN. DIE KANTEN SIND PARALLEL.

DIE LETZTEN VIER KANTEN STEHEN AUF DEM BODEN UND SIND PARALLEL ZU DEN SENKRECHTEN KANTEN DES BILDERRAHMENS.

ERINNERN WIR UNS AN UNSEREN WÜRFEL: ALLE KANTEN, DIE VON UNS WEGLAUFEN (FLIEHEN) FÜHREN ZU EINEM GEMEINSAMEN FLUCHTPUNKT.

HORIZONT

FLUCHT-PUNKT

ALLE ANDEREN KANTEN SIND ENTWEDER SENKRECHT ODER WAAG-RECHT (PARALLEL ZUM HORIZONT), ODER?

BETRACH-TER (DU)

WAS ABER PASSIERT, WENN WIR DEN WÜRFEL EIN WENIG DREHEN?

JETZT HABEN WIR EINEN FLUCHTPUNKT FÜR DEN TISCH UND ZWEI WEITERE FÜR DEN WÜRFEL ...

UND NOCHMAL ZWEI FÜR DAS BUCH, ZWEI FÜR DEN STIFT, DREI FÜR DAS GEODREIECK ... DAS SPIEL KANN MAN ENDLOS SPIELEN.

AN DER TÜR HIER SIEHT MAN NOCHMAL GANZ GUT, WIE DAS IST MIT PERSPEKTIVE.

WENN ICH DIE TÜR AUFMACHE, VERKLEINERT SICH DAS TÜRBLATT IM VERGLEICH ZUM TÜRRAHMEN. OBER- UND UNTERKANTE LAUFEN AUF EINEN FLUCHTPUNKT AM HORIZONT ZU.

GENAUSO VERHÄLT ES SICH MIT JEDER FORM, DIE PARALLELE KANTEN HAT. JE NACH BLICKWINKEL GIBT ES EINEN, ZWEI, JA SOGAR DREI FLUCHTPUNKTE. SIE LIEGEN OFT AUSSERHALB DES BILDES, WESHALB MAN DAS GAR NICHT SO GENAU ZEICHNEN KANN.

WENN IHR OFT NACH DER NATUR ZEICHNET, UND GENAU HINSCHAUT, BEKOMMT IHR SICHER BALD EIN GESPÜR DAFÜR. IHR MERKT BESTIMMT JETZT SCHON, OB ETWAS RICHTIG ODER FALSCH AUSSIEHT.

MAUSEFALLE

Bei den nächsten Motiven kannst du nun anwenden, was du über Perspektive gelernt hast. Beim Zeichnen von Gegenständen wie dieser Mausefalle hier ist es manchmal einfacher, alle Linien durchzuzeichnen als wäre der Gegenstand durchsichtig. Das hilft beim Konstruieren der Perspektive. Beim Tuschen zeichnest du dann nur die sichtbaren Kanten nach.

ROBOTERPARADE

Diese Roboter bestehen aus ganz einfachen Grundformen (Kreis, Dreieck und Viereck). Man sieht von jeder Figur nur zwei Seiten, was das perspektivische Zeichnen erleichtert. Wenn man die »kurze« Seite dunkler ausmalt, entsteht ein schöner Tiefeneindruck.

MOTORRAD

Dieses Motorrad wird seitlich gezeigt. Dadurch muss man sich über Perspektive keine Gedanken machen. Das Motorrad ist trotzdem kompliziert genug. Ich kann so eine Maschine nicht aus dem Kopf zeichnen, sondern muss mir Abbildungen von Motorrädern vorher ansehen.

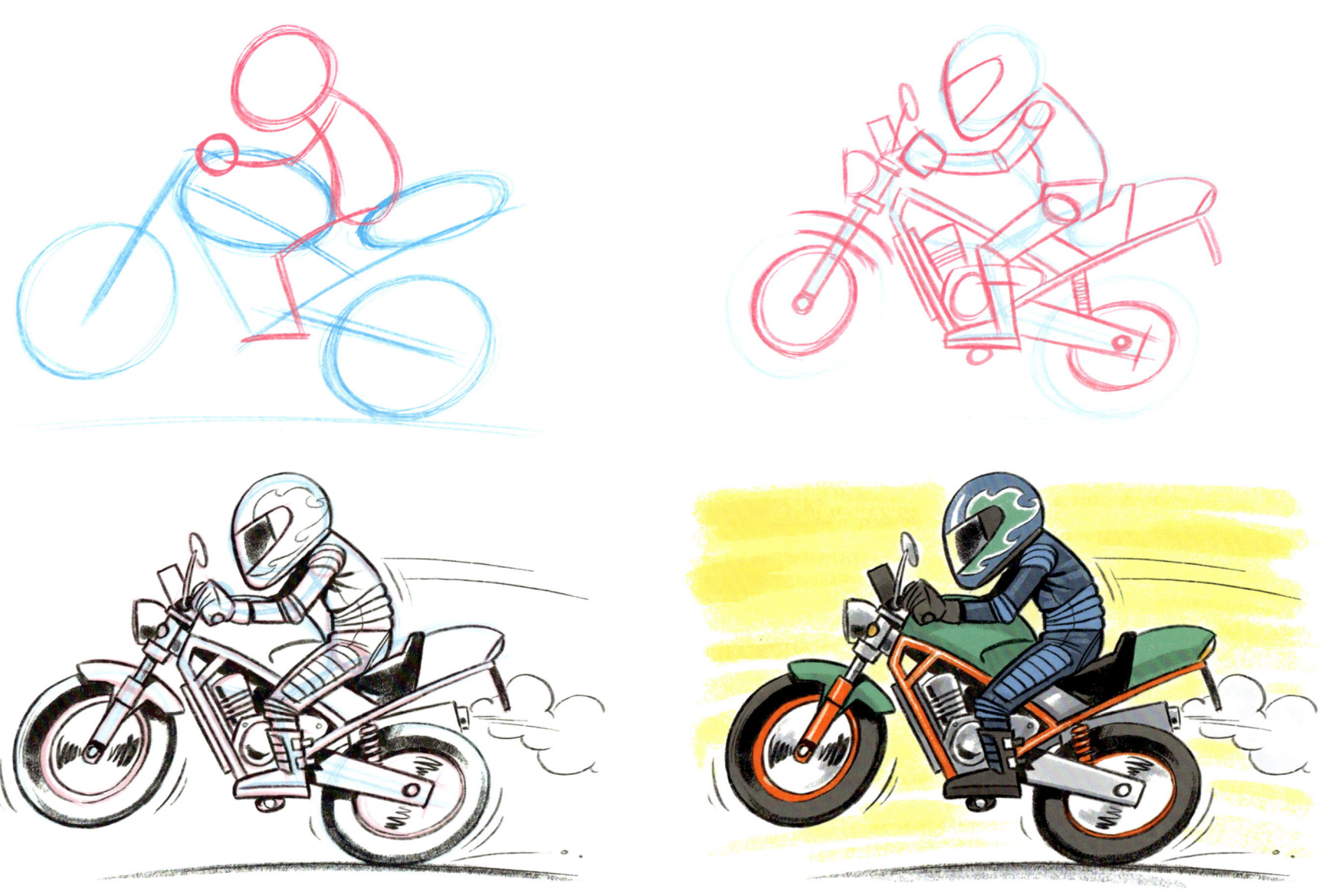

HAUS

Du kannst dieses Haus mit zwei Fluchtpunkten konstruieren. Da diese außerhalb des Bildes liegen, ist es besser, du versuchst es nach Gefühl (siehe S. 41). Beginne mit zwei Quadern für das Haus und den Anbau (1, 2). Halbiere die Stirn-

seiten des Hauses mit zwei langen Linien (3). Verbinde die Mittellinien mit einer Linie, die auf denselben Fluchtpunkt zuläuft wie die Längskanten des Hauses (4). Das ist dein Dachfirst.

Verbinde die Ecken zu zwei Dreiecken (5) zu einem Dachgiebel. Genauso verfährst du beim Anbau. Achte darauf, dass das Dreieck, welches auf das Hausdach trifft, gekippt ist (6).

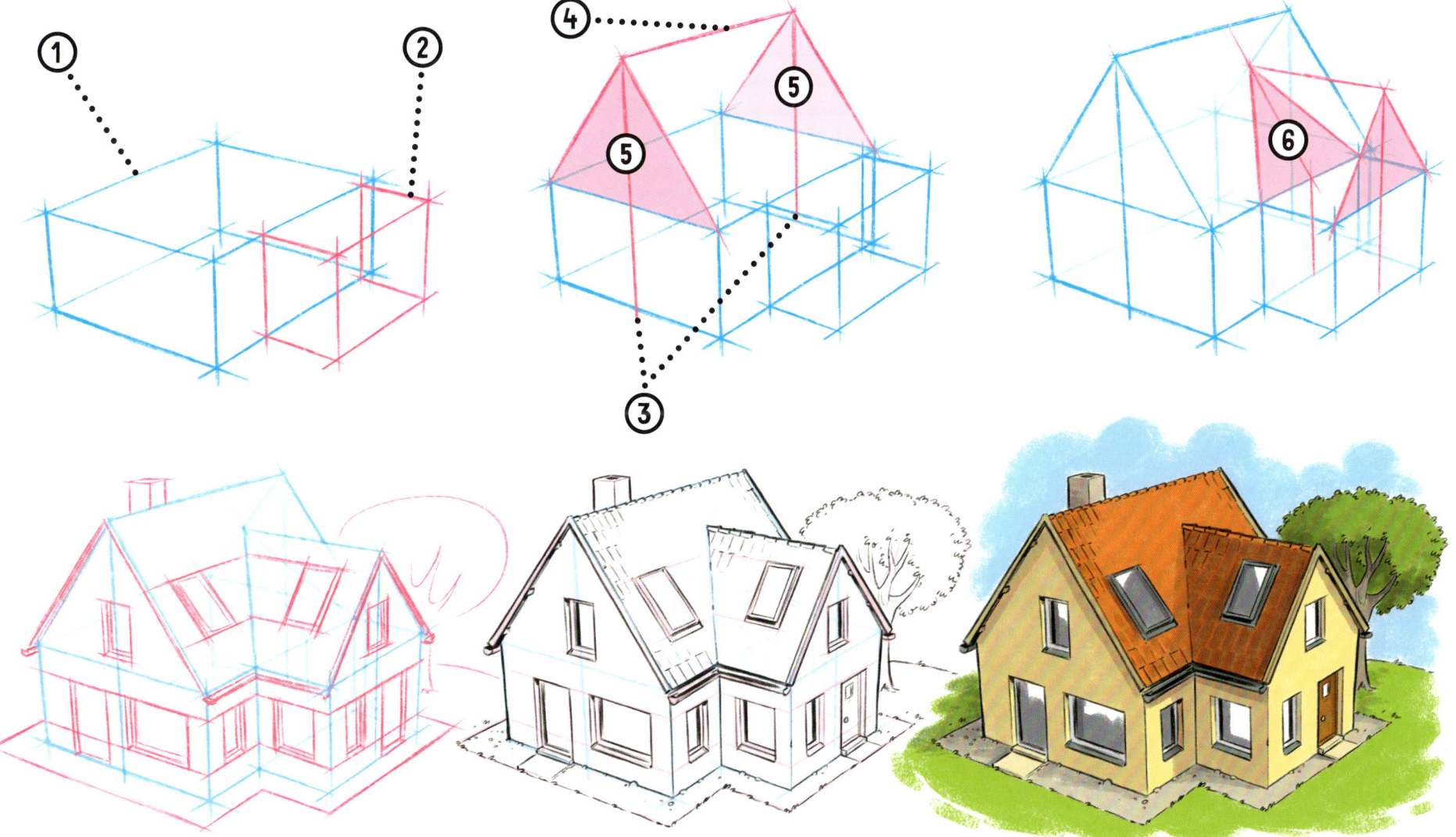

ELLIPSEN

Runde Objekte, die in den Raum gekippt sind (wie zum Beispiel ein Teller, der auf dem Tisch steht, oder die Kaffeetasse hier) werden als Ellipsen (oder Ovale) gezeichnet. Es ist nicht einfach, eine gleichmäßige Ellipse in einem Schwung hinzubekommen. Bei der Vorzeich- nung kann man ruhig einige Schwünge über- einanderzeichnen, bis sich eine gleichmäßige ovale Form abzeichnet.

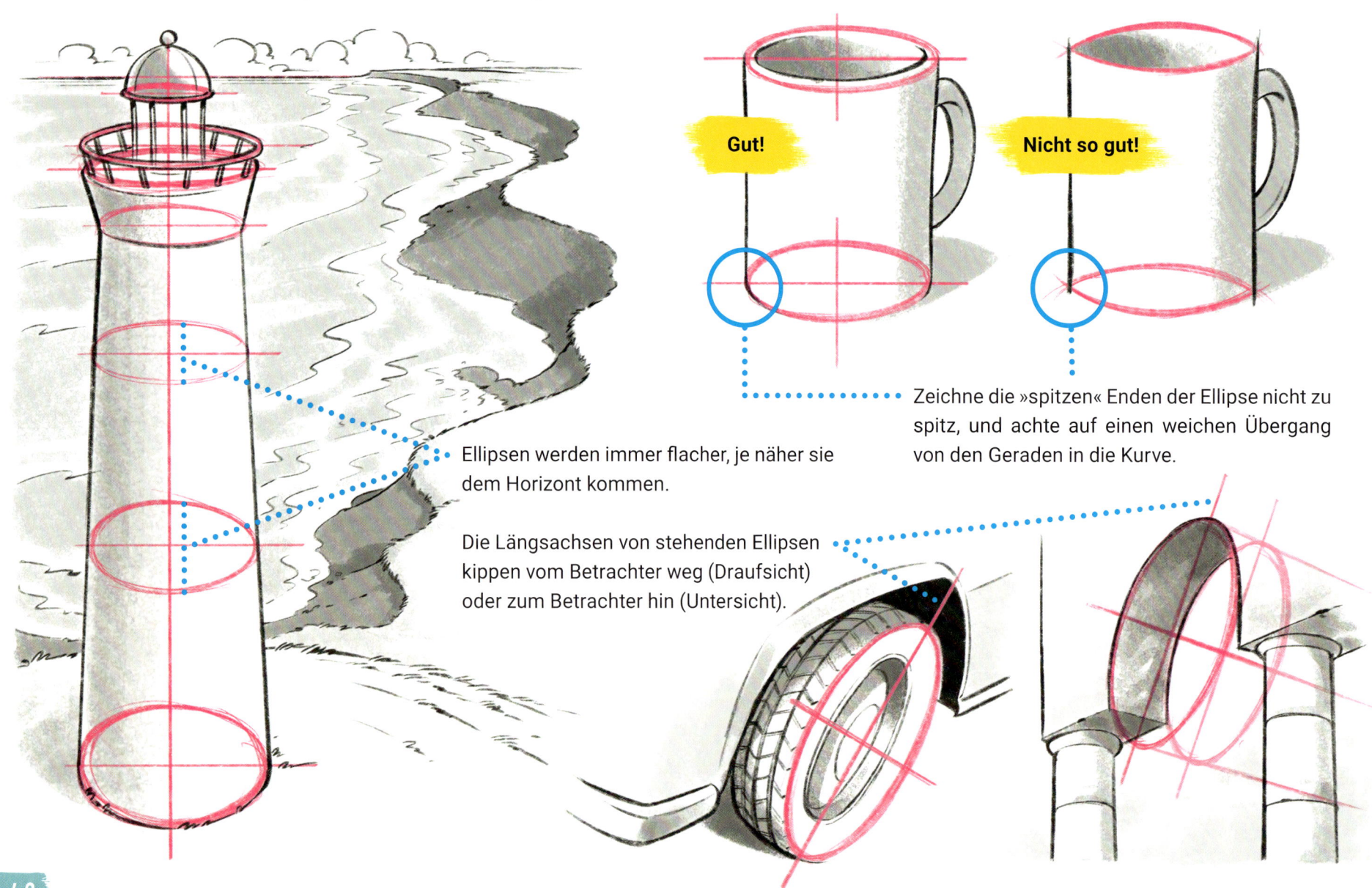

Gut!

Nicht so gut!

Ellipsen werden immer flacher, je näher sie dem Horizont kommen.

Zeichne die »spitzen« Enden der Ellipse nicht zu spitz, und achte auf einen weichen Übergang von den Geraden in die Kurve.

Die Längsachsen von stehenden Ellipsen kippen vom Betrachter weg (Draufsicht) oder zum Betrachter hin (Untersicht).

MARSMENSCH

Man kann Ellipsen auch ineinanderzeichnen und so den Eindruck einer Wölbung erzeugen wie bei diesem Ufo. Die Ellipsen sollten dabei immer kleiner werden und an einer Seite näher beieinanderliegen oder sich berühren.

HELIKOPTER

In diesem Motiv gibt es noch mehr Ellipsen. Die Herausforderung ist das Tuschen der großen Ellipse des Rotors.

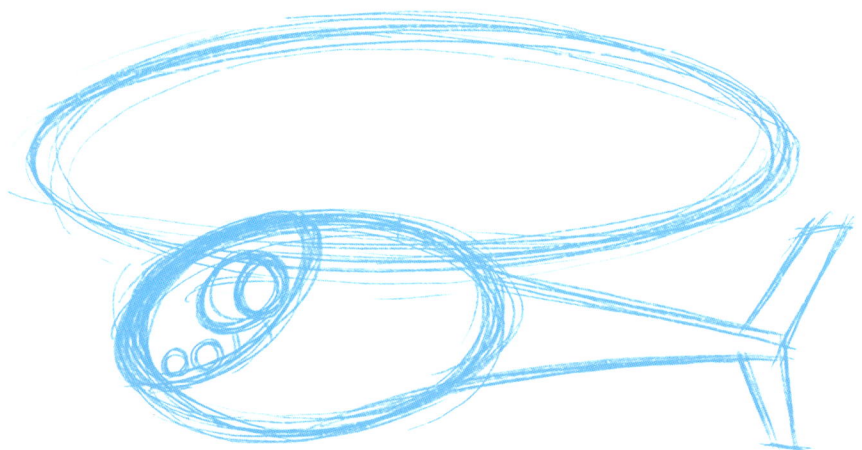

KRAKE

Das Schwierige an diesem Bild ist nicht unser achtarmiger Freund, sondern die Schatzkiste.

FLUGZEUG

Diese altertümliche Propellermaschine ist einfach aufgebaut. Ihre Grundform ähnelt einer Karotte oder Zigarre. Die Ellipsen an der Vorderseite sind reine Übungssache. Die Flügel sollte man sich jedoch einmal auf einem Foto angesehen haben.

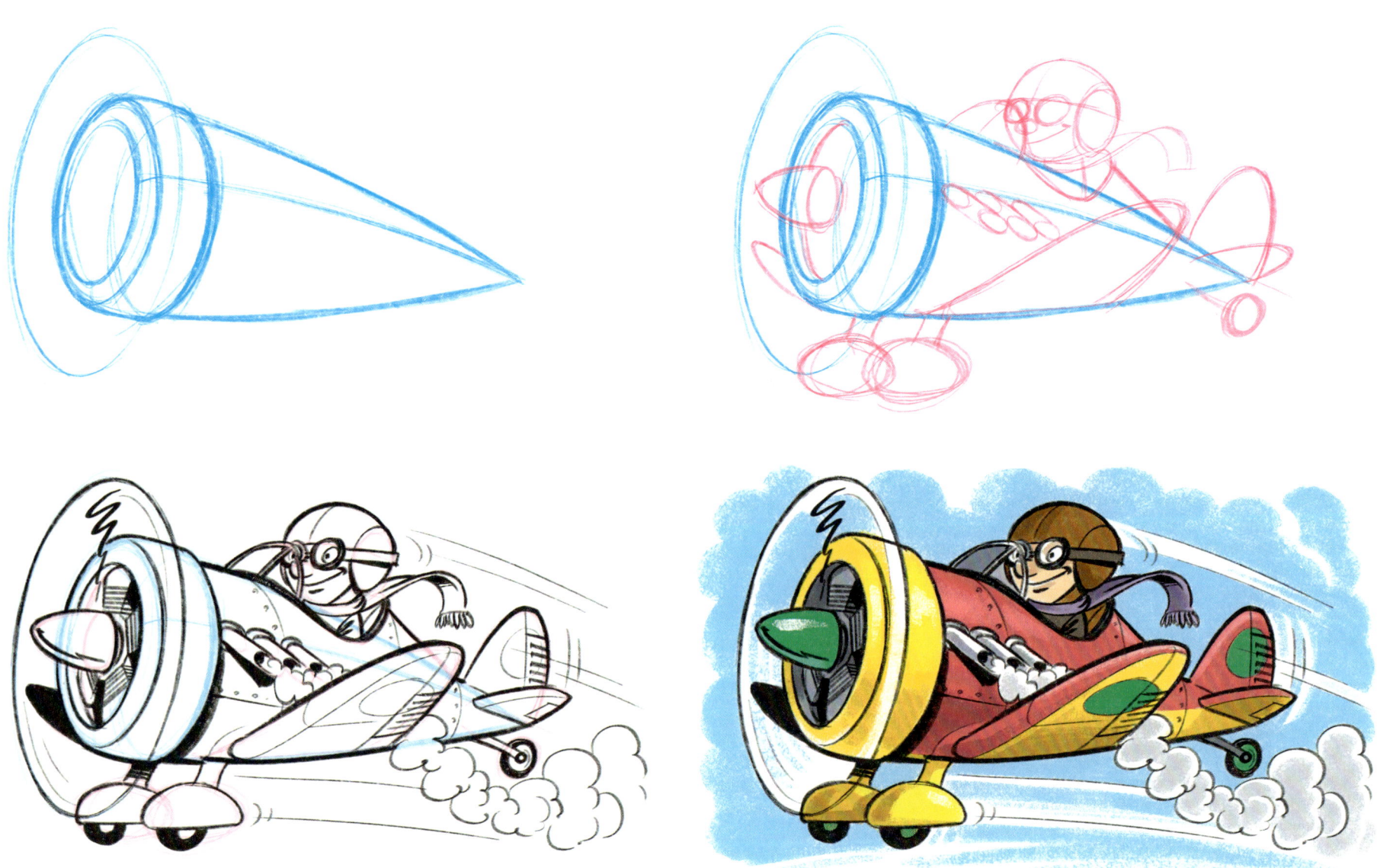

FAHRRAD

Ein Fahrrad eignet sich gut, wenn man räumliches Zeichnen üben will. Beim Zeichnen eines Gegenstandes hilft es, wenn du begreifst, wie er funktioniert. Bestimmt hast du schon einmal ein Fahrrad in der Hand gehabt und bedient, vielleicht sogar daran herumgeschraubt. Diese Erfahrungen können in deine Zeichnung einfließen und verhelfen ihr zu mehr Glaubwürdigkeit.

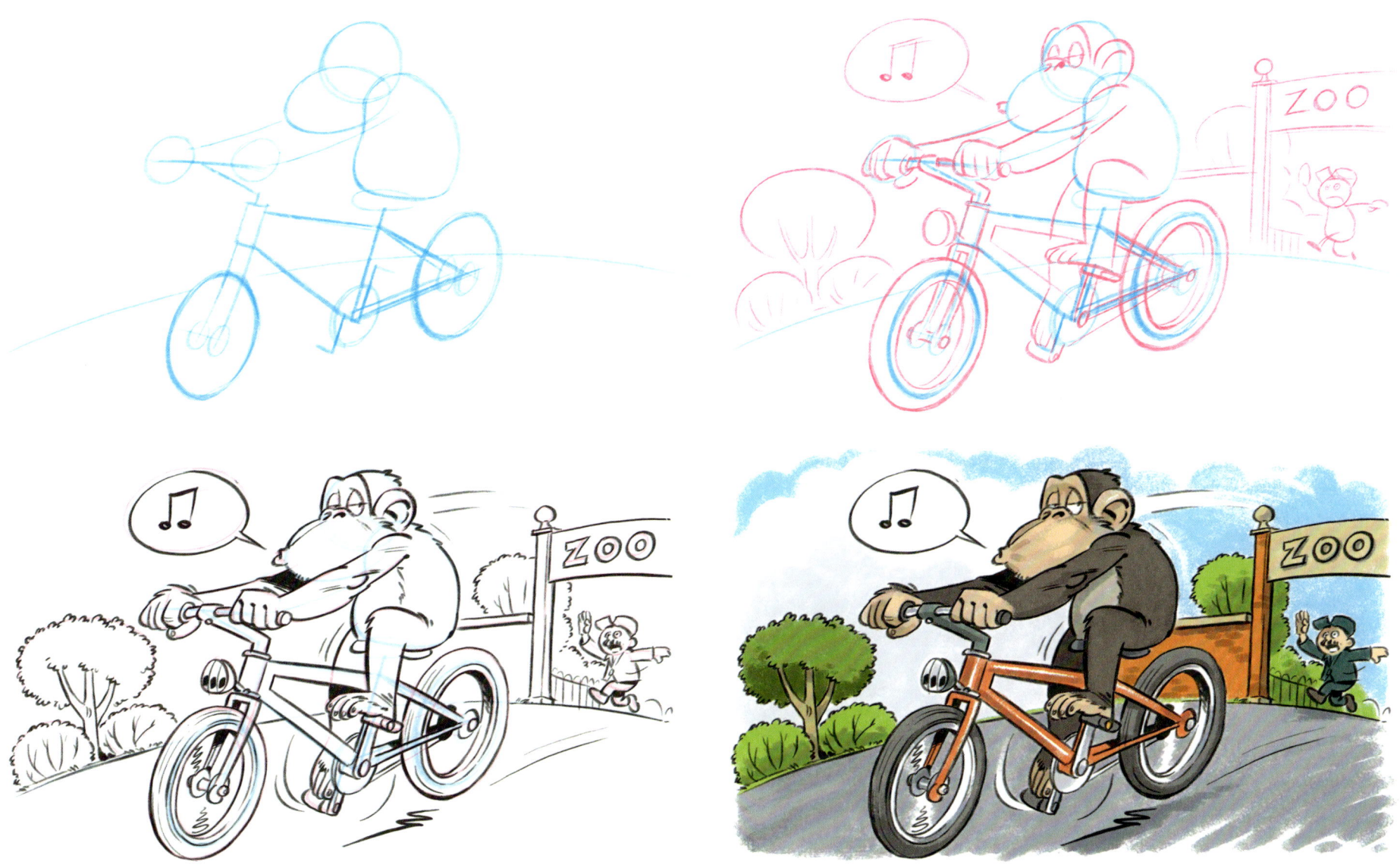

IN DER KÜCHE

Bei diesem Bild kannst du alles anwenden, was du bisher über Perspektive gelernt hast.

Na? Hast du den Bogen allmählich raus?

SEIFENKISTE

Jetzt probieren wir mal etwas Schwierigeres aus. Am einfachsten ist es, du tastest dich langsam heran. Beginne mit einer länglichen Box

(1). Danach zeichnest du die Kanten ein, an denen die Karosserie abknickt (2). Jetzt musst du nur die entsprechenden Punkte verbinden (3).

BAGGER

Dieser Bagger hat es in sich. Deshalb habe ich ein paar Arbeitsschritte mehr gezeichnet. Stell dir vor, du klebst den Bagger zuerst aus ganz groben Bauklötzen zusammen, nimmst dann eine Feile und arbeitest die Details heraus. Beginne mit zwei Zylindern für die Räder (1), und füge dann den Aufbau und das Führerhäuschen hinzu (2). Anschließend kommen der Arm und die Schaufel dazu (3 und 4). Nach und nach ergänzt du weitere Details. Nur nicht den Überblick verlieren!

Bisher hast du nur liegende Ellipsen gezeichnet. Stehende Ellipsen kommen in Rädern, Reifen oder Torbogen vor. Wenn du wie hier von schräg oben auf die Reifen schaust, kippt die Ellipse aus der Senkrechten leicht nach hinten.

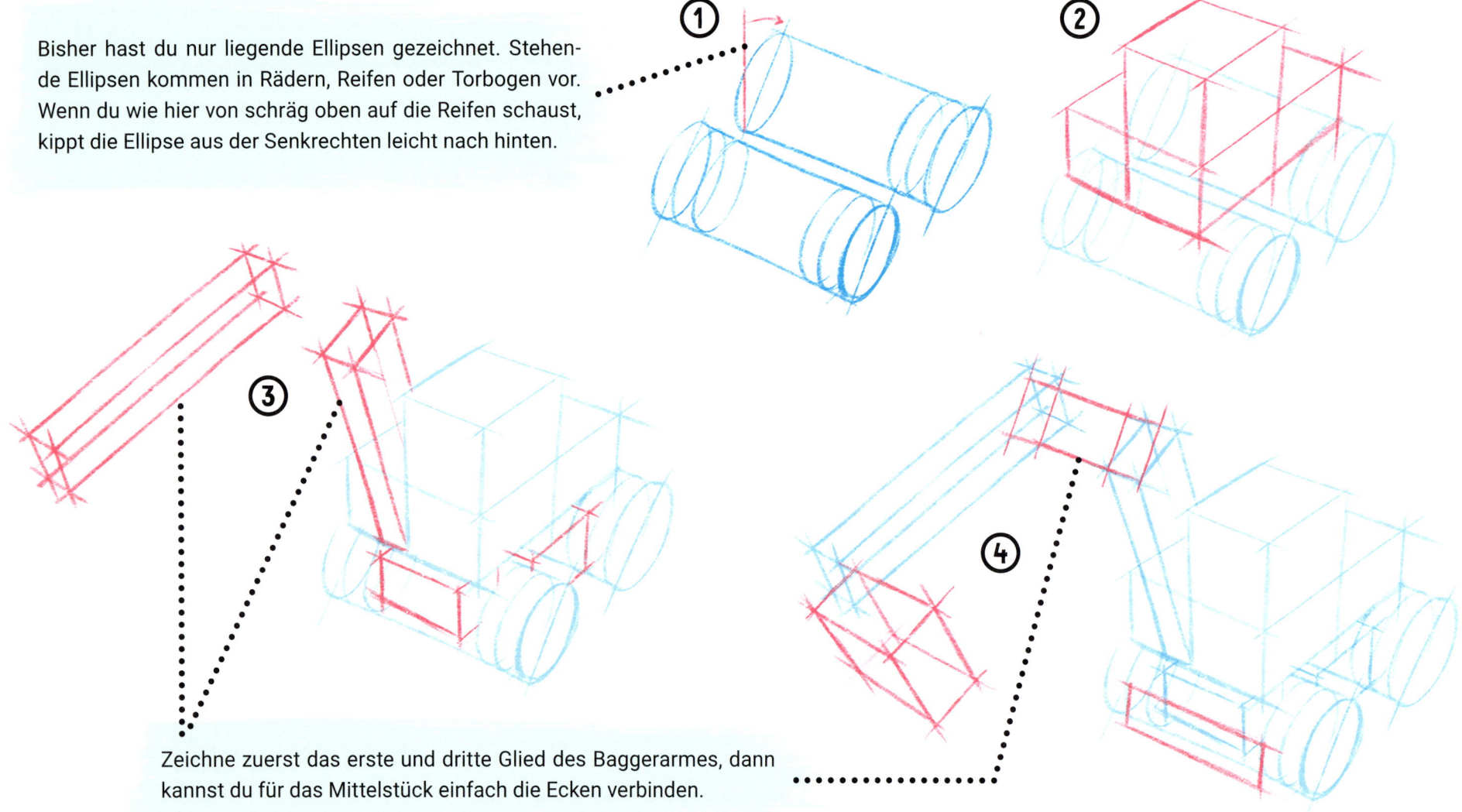

Zeichne zuerst das erste und dritte Glied des Baggerarmes, dann kannst du für das Mittelstück einfach die Ecken verbinden.

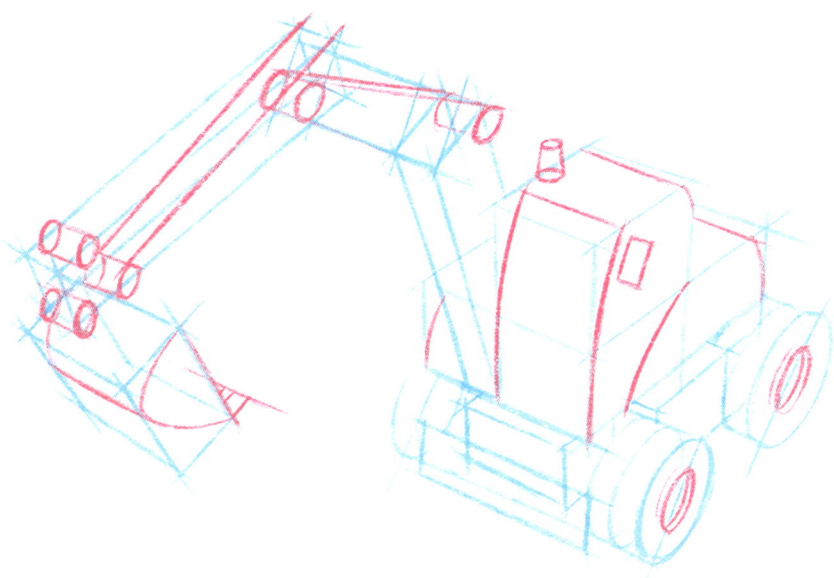

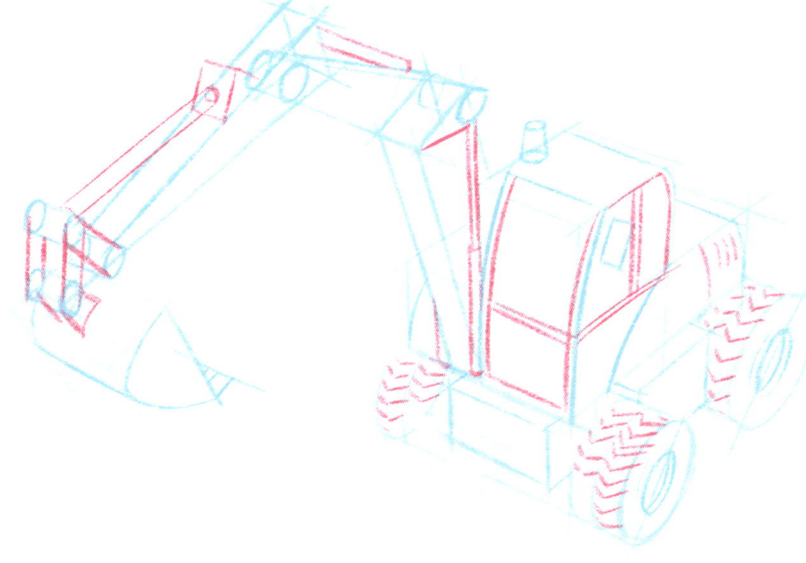

Hier werden die Glieder des Baggerarmes sowie die Windschutz-scheibe und die Kanten des Aufbaus abgeschrägt.

Jetzt wird es Zeit, einige Details hinzuzufügen wie die Hydraulik und das Profil der Reifen.

TIERE ZEICHNEN

Wenn du Tiere zeichnen willst, solltest du dich ein wenig mit ihrem Körperbau (Anatomie) beschäftigen. Dazu musst du kein Zoologe sein. Es reicht, wenn du dir ein paar Zusammenhänge bewusst machst, und gute Vorlagen zum Abzeichnen hast.

Tiere sind auch nur Menschen, oder? Die Skelette der Wirbeltiere (und dazu gehören nicht nur Menschen und andere Säugetiere, sondern auch Fische, Vögel und Reptilien) sind vom Aufbau alle gleich: Wir haben alle je einen Kopf, einen Brustkorb, ein Becken und vier Gliedmaßen – alles an einer Wirbelsäule aufgehängt. Lediglich die Formen und Größenverhältnisse bestimmter Knochen und Gelenke sind unterschiedlich.

Der Mensch ist ein Sohlengänger. Das bedeutet, dass er beim Gehen die ganze Fußsohle auf dem Boden abstützt.

Weitere Sohlengänger sind zum Beispiel Affen, Bären, Dachse oder Igel. Bären und Affen können auch aufrecht gehen wie wir.

Katzen und Hunde sind Zehengänger. Dadurch steht ihnen ein weiteres Gelenk zur Verfügung, und sie können sich gut abfedern.

Auch wenn Vögel auf den ersten Blick ganz anders als Säugetiere aussehen, haben ihre Skelette dennoch Gemeinsamkeiten. Man kann sagen, dass die Flügel dem entsprechen, was beim Menschen die Arme und Hände sind.

Huftiere, also Pferde, Kühe, Hirsche, Giraffen, ja sogar Elefanten, sind Spitzengänger. Sie laufen auf den Zehen- und Fingerspitzen. Was bei der

Giraffe wie ihr Knie aussieht, ist in Wirklichkeit ihr Fußgelenk, und das knickt nach hinten und nicht nach vorne ab (1).

Das Vorderbein oder die Vorderhand der Giraffe hingegen knickt am Handgelenk (2) nach hinten ab, der Ellenbogen (3) liegt ganz nah am Körper.

PFERD

Dieses Pferd besteht aus einer »Bohne« für den Rumpf und einer »Bohne« für den Kopf. Die Beine des Pferdes werden zuerst als einfache Striche gezeichnet und dann verbreitert. Achte darauf, wie die Vorderbeine nach hinten durchgestreckt werden und eine leichte Kurve bilden. Das erhöht die Körperspannung des Tieres.

RENTIER

Das Rentier hat einen eher eckigen Körper. Die Beine funktionieren wie beim Pferd. Hier sieht man einen leichten Trab. Geht der linke Vorderlauf nach hinten, kommt der linke Hinterlauf nach vorne. Die Läufe haben direkt am Körper die kräftigsten Muskeln – an den Stellen, an denen beim Menschen Oberschenkel und Oberarme wären.

ZEBRA

Das Zebra ähnelt ebenfalls dem Pferd. Das Prinzip lässt sich also übertragen. Das Tier galoppiert.

Gehe auch hier von Bohnen und Ellipsen aus und zeichne die Läufe erst als simple Striche ein. Ergänze später Muskeln und Gelenke. Für

das Streifenmuster des Fells solltest du dir eine Abbildung zu Rate ziehen. Aus dem Kopf ist das fast unmöglich.

ERDMÄNNCHEN

Pinguine? Nein Erdmännchen. Die Figuren sind nicht sehr schwer. Achte auf die Wirbelsäule, die wie ein Flitzbogen gespannt ist.

BABYLÖWE

Hier haben wir einen jungen und einen alten Löwen. Bei dem jungen habe ich versucht, das sogenannte »Kindchenschema« anzuwenden:

Der Kopf ist im Vergleich zum Körper sehr groß, die Augen ebenso. Alle Formen sind abgerundet. So sieht er sehr niedlich aus.

PAPA LÖWE

Der erwachsene Löwe soll kraftvoll und bedrohlich aussehen, daher sind die Formen eckiger und weniger kindlich. Kurioserweise lässt sich der Kopf des Löwen aus lauter Quadraten aufbauen, die auf der Spitze stehen.

KÄNGURU

Auch der australische Riesenhüpfer ist ein Wirbeltier, und es gilt dasselbe Prinzip wie bisher: Kopf, Brustkorb, Becken und vier Gliedmaßen.

Das Känguru hüpft auf den Zehenballen seiner langen Hinterfüße. Es lässt sich aber im Sitzen auf die Fersen sinken, wobei es sich mit seinem kräftigen Schwanz abstützt. Die Arme funktionieren ähnlich wie beim Menschen.

BUSCHBABY

Ein Galago oder Buschbaby ist ein Primat und daher mit uns Menschen verwandt. Arme und Beine sind unseren sehr ähnlich. Zum Klettern benutzt der Galago seine langen Zehen. Versuche, für die Augen einen gleichmäßigen Übergang von Orange nach Braun hinzubekommen. Die Lichtreflexe sparst du einfach aus.

ELEFANT

Oft werden Elefanten in Kinderbüchern groß und rund und mit kurzen, dicken Beinen abgebildet – wie Sparschweine mit langem Rüssel.

Sieht man sich Fotos von Elefanten an, fällt einem auf, dass die Tiere sehr schlaksig sind und eigentlich recht lange Beine haben.

TRICERATOPS

Eigentlich ist der Triceratops eine Echse, aber er hat auch etwas von einem Nashorn. Darum passt er hier sehr gut dazu. Beginne mit Ovalen und Kreisen für Körper, Kopf und Muskeln. Im zweiten Schritt werden die Formen miteinander verbunden. Anschließend werden die Details ergänzt. Saurier eignen sich gut, mit Farben zu experimentieren. Schließlich weiß niemand, wie sie wirklich ausgesehen haben.

STEGOSAURIER

Unter den Sauriern hat es mir der Stegosaurier besonders angetan, weil er so einfach zu zeichnen ist. Hätte er nicht Stacheln am Schwanz, könnte man gar nicht sagen, wo bei ihm vorne und hinten ist. Du fängst am besten mit dem Schwung des Rückens an. Dann hängst du den Körper quasi daran auf. Schenkelmuskeln, Kopf und Bauch werden als Ovale angedeutet. Nun fehlen nur noch die Hornplatten auf dem Rücken und die Stacheln am Schwanz.

TYRANNOSAURUS REX

Der T-Rex darf bei unserem Sauriertrio nicht fehlen. Er erinnert vom Bewegungsapparat weniger an eine Echse als an einen Vogel. Er läuft auf den Zehenballen. Die großen Oberschenkel liegen nah am Rumpf. Unterschenkel, Ferse und Fuß sind am deutlichsten zu sehen. Hals, Bauch und Beine erinnern an die Buchstaben S, Z oder an eine Sprungfeder. Nur die kurzen Ärmchen wollen nicht so recht ins Bild passen.

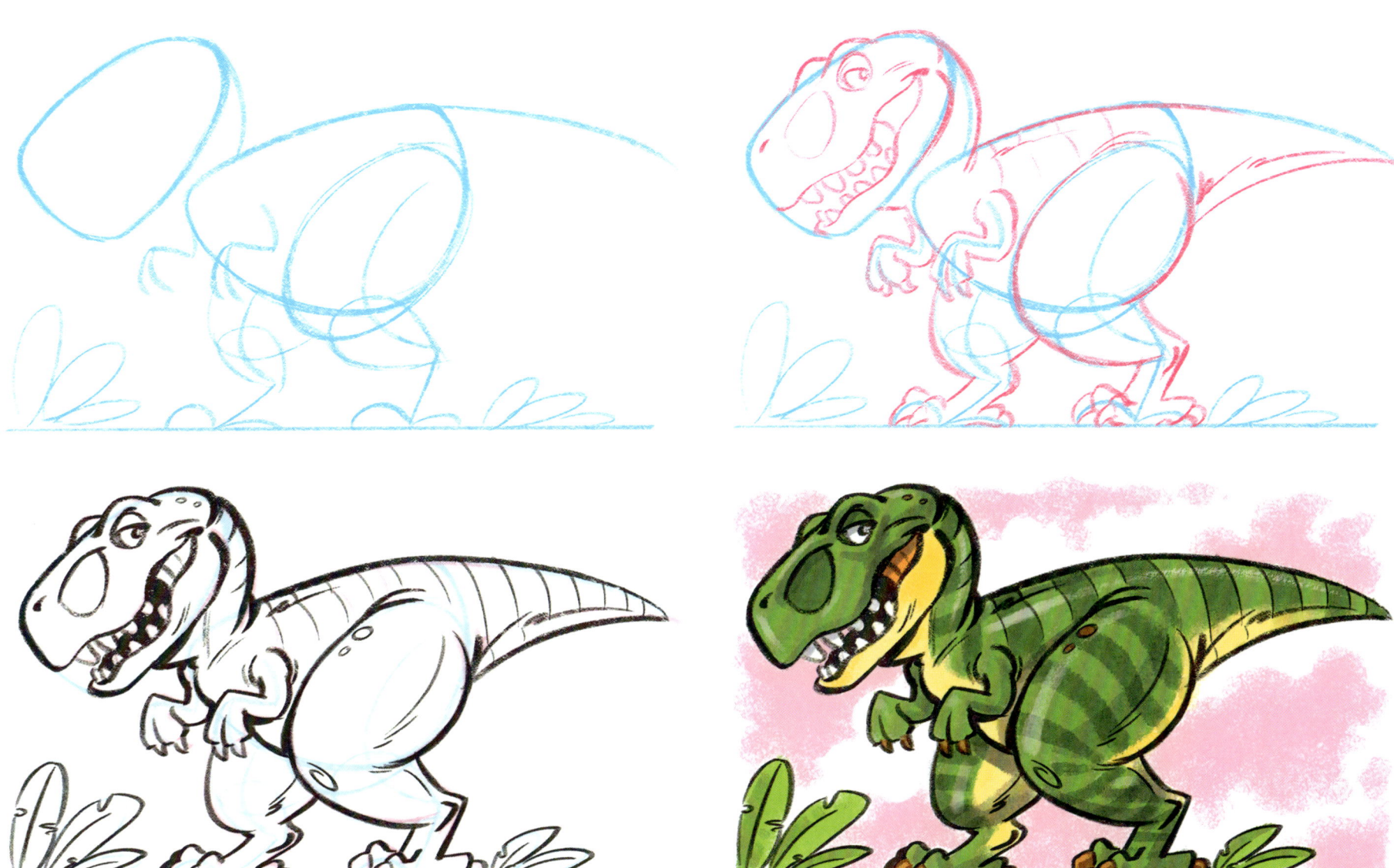

FAULTIER

Zur Entspannung zeichnet man am besten ein Faultier. Seine Gemütsruhe ist nicht nur ansteckend, er ist auch recht einfach zu zeichnen.

Eine Bohne als Körper, ein Oval als Kopf und längliche Würste als Gliedmaßen. Lass die Umrisslinien zu Haarbüscheln »aufbrechen«. So entsteht ein ungemein pelziger Eindruck.

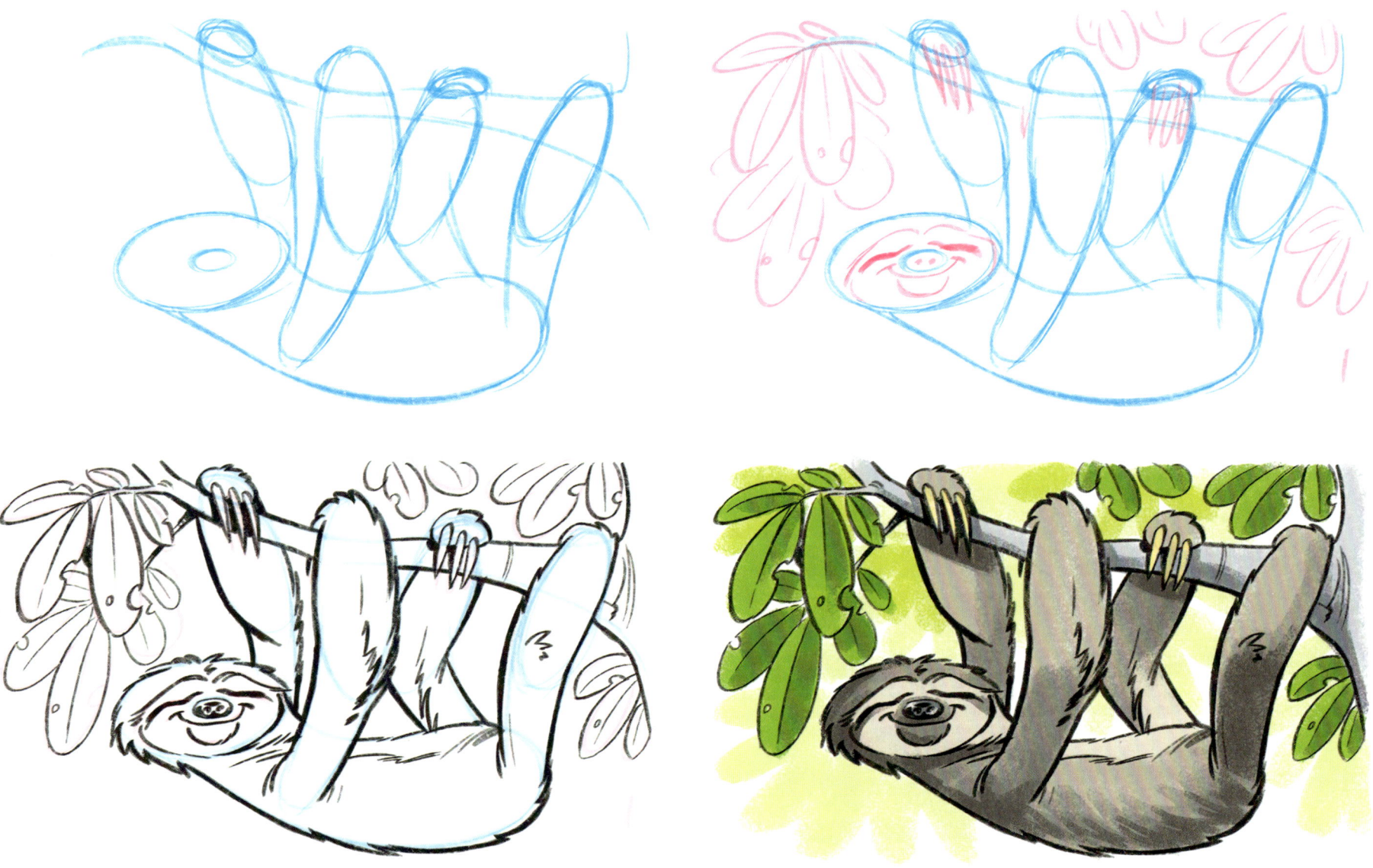

GÜRTELTIER

Auch unser Freund aus Südamerika ist recht einfach zu zeichnen. Auch hier beginnst du mit einer Bohne für den Körper und einem Oval für den Kopf. Beachte bei den Querrillen im Panzer die Perspektive! Siehe Seite 17!

IGEL

Dieser schnüffelnde Sohlengänger sollte dir nach all den komplizierten Tieren keine Rätsel mehr aufgeben. Die zeichnerische Heraus- forderung besteht beim Igel darin, nicht jeden einzelnen Stachel zeichnen zu müssen. Das erreichst du, indem du die Stacheln am Rand genauer zeichnest und zur Körpermitte hin nur noch leicht andeutest – zuletzt mit dunklem Braun beim Kolorieren (siehe auch S. 17).

KAKADU-PÄRCHEN

Diese beiden Turtelkakadus bestehen aus einfachen Formen: Der linke startet mit einem »ß«, der rechte sieht wie ein großes Komma aus. Die Flügel sind am schwierigsten. Um eine Vorlage kommst du erst mal nicht herum.

MÖWE

Schnabel, Kopf, Hals, Rumpf und Schwanzfedern bilden zusammen ein großes »Z«. Die Beine knicken schräg vom Körper ab und führen schräg zurück in Richtung Boden. So wirkt das Gewicht des Vogels nie senkrecht nach unten. Dennoch sind die Füße direkt unter dem Kopf, damit das Tier in der Balance bleibt. Wenn du als Zeichner auf diese Dinge achtest, wirken deine Figuren ungemein lebendig.

RABE

Und noch ein Vogel. Diesmal ein Rabe, dessen Schnabel ich stark überzeichnet habe. Um das auszugleichen, habe ich ihm sehr große Füße gezeichnet. Der Rabe selbst ist dunkelgrau koloriert, die Lichter auf seinem Rücken gehen aber ins Bläuliche, sodass der Eindruck von einem leichten Schimmer entsteht. Für Füße und Schnabel wurde auch ein dunkles Blaugrau verwendet.

MENSCHEN ZEICHNEN

Das letzte Kapitel in diesem Buch befasst sich mit menschlichen Figuren. Die Zeichnungen auf den folgenden Seiten sind nicht realistisch. Was du hier siehst, sind stark vereinfachte Menschen, wie man sie in Comics, Trickfilmen oder Kinderbüchern findet. Wie man diese einfachen Körper aufbaut, hast du schon in vorangegangenen Kapiteln erfahren. Erinnere dich zum Beispiel an das »bessere Strichmännchen« (S. 18). Befassen wir uns lieber mit dem menschlichen Gesicht. Im Gesicht spiegeln sich unsere Gefühle. Unten erfährst du ein paar nützliche Dinge über menschliche Gesichtsausdrücke (oder auch Mimik).

1 Die Stellung der Augenbrauen.

2 Wie weit die Augen geöffnet sind.

3 Die Form des Mundes.

In unserem Gesicht gibt es drei Merkmale, an denen sich unsere Stimmung ablesen lässt.

Gehen die Brauen an der Nasenwurzel nach unten, zeigt das Entschlossenheit (4). Gehen sie nach oben, zeigen sie Unsicherheit (5).

Kombiniert man das mit einem »traurigen« Mund – die Mundwinkel gehen nach unten – bekommt man Ärger (6) oder Trauer (7).

Mit den Augen lässt sich dieser Effekt noch verstärken. Da wird aus Ärger gleich Wut (8), aus Trauer Verzweiflung (9).

Hier sieht man, wie eine unterschiedliche Form des Mundes aus mildem Erstaunen blankes Entsetzen macht.

Gehen die Mundwinkel nach oben, wird freudige Überraschung daraus, beim herzlichen Lachen kneift man die Augen zu.

Mit »bösen« Brauen wird aus Entsetzen Empörung, gebleckte Zähne und verkniffene Augen zeigen Wut.

Ein Grinsen mit »Dackelaugen« zeigt, dass einem etwas peinlich ist. Ein Lachen mit »bösen« Brauen wirkt hämisch.

MIMIK

Gesichtsausdrücke sind nie ganz symmetrisch. Oft spielen sich auf beiden Gesichtshälften unterschiedliche Dinge ab. Solche »ungleichen« Gesichtsausdrücke kannst du als Zeichner gut nutzen, wenn du im Gesicht mehr Dramatik erzeugen möchtest.

Wenn man nach links blickt, hebt sich auch meistens die linke Braue und zuweilen auch der linke Mundwinkel.

Dieses Mädchen ist eben noch wegen einer miesen Schulnote verärgert. Aber schon heckt sie einen teuflischen Racheplan aus.

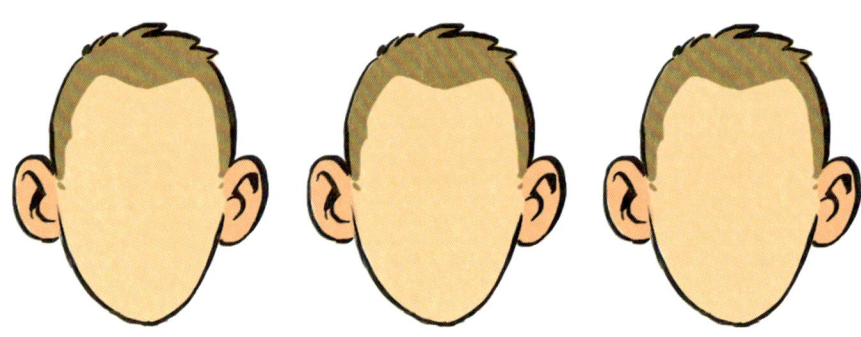

Die Hände unterstreichen oft unsere Mimik. Links wird noch gezittert, rechts ist man erleichtert.

Jetzt bist du dran. Auf der nächsten Seite findest du ein paar leere Gesichter zum Kopieren und Experimentieren.

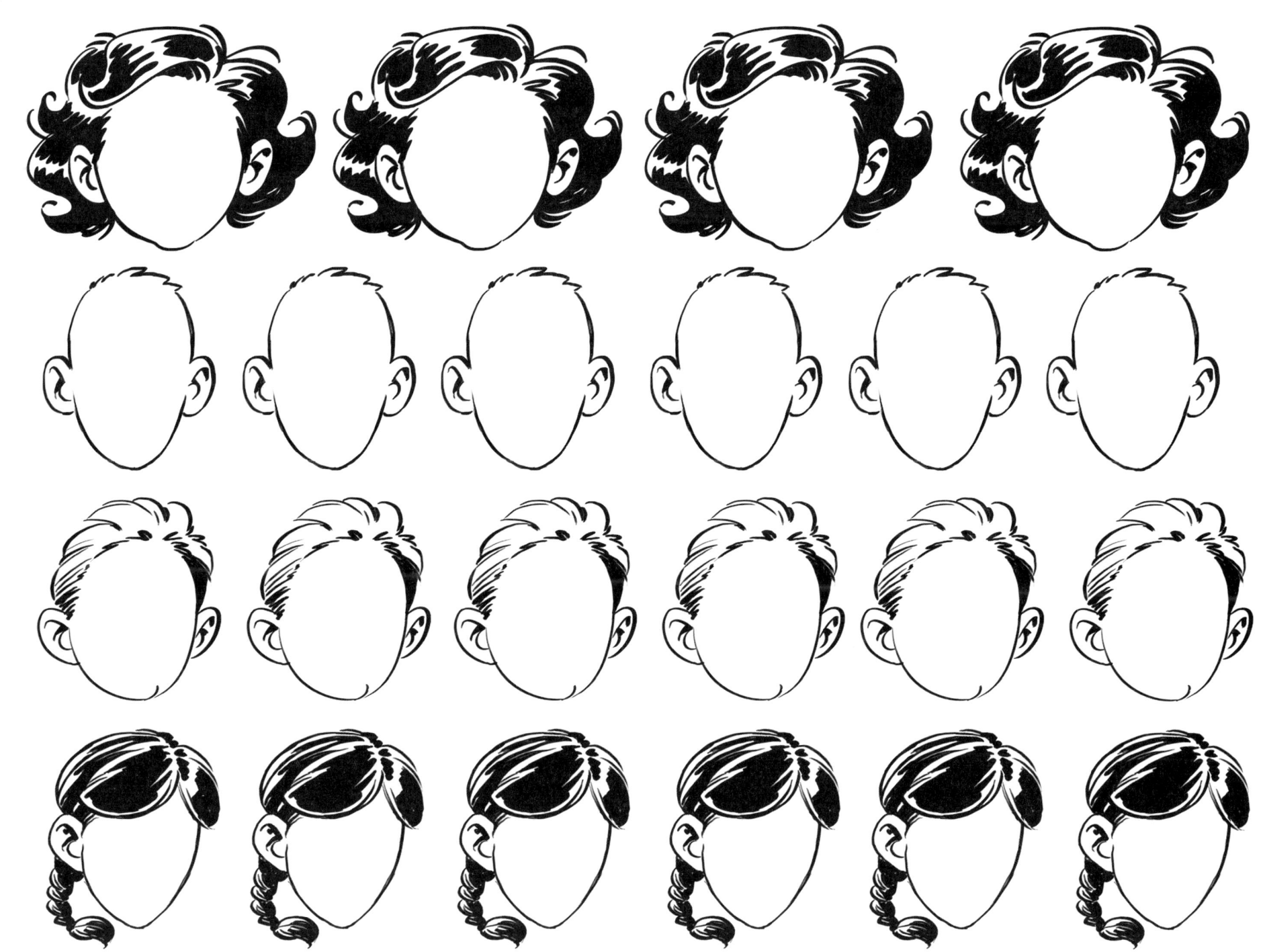

PIRATIN

Diese Piratenbraut ist wieder auf unserem bewährten Strichmännchen von Seite 18 konstruiert. Achte darauf, dass der Standfuß unter dem Kopf liegt, sonst kippt die Figur. Das andere Bein kannst du bequem auf der Kiste abstellen. Versuche dich an den feinen Farbabstufungen und an den Materialien wie Holz und Metall. Wie sie dir am besten gelingen, erfährst du auf Seite 13.

PIRAT

Das Schöne an Comics ist, dass man Figuren bis ins Groteske überzeichnen kann. Das gelingt am besten, wenn man von einfachen Formen ausgeht. Die Kunst besteht nun darin, beim Ergänzen der Details diese Grundform nie ganz zu verlieren. So behält die Figur ihre Spannung.

SKATER

Bei der Darstellung von Bewegung darf man die Perspektive nicht vernachlässigen. Um dir das zu erleichtern, kannst du zwei Hilfslinien auf die »Kopfkugel« zeichnen. Die eine verläuft dort, wo später die Nase hingezeichnet wird, die andere quer dazu auf Höhe der Augenbrauen. Genauso machst du es beim Rumpf. Eine Mittellinie verläuft über Bauch und Rücken, die andere entlang des Hosenbundes (oder des Beckens).

TAUCHERIN

Die Figur folgt wieder dem Prinzip des Strichmännchens. Achte bei Armen und Beinen darauf, dass du nicht nur einfach Würste zeichnest, sondern dass man auch ein Knie und einen Ellenbogen erkennen kann. Taucherbrille, Kamera, Flossen und Bleigürtel räumlich richtig zu zeichnen, ist knifflig.

FEE

Alle großen Fantasy-Illustratoren, die ich bewundere, geben ihren Bildern immer eine Prise Realismus mit. Das macht sie glaubwürdig und greifbar für den Betrachter. Schau dir Bilder von echten Insekten und Blumen an, bevor du diese Elfe zeichnest. Erkennst du die einzelnen Blüten wieder?

WALDELF

Was würde ein kleines Zauberwesen, das im Wald lebt, wohl anziehen? Klar, Kleidung aus Laub und eine Rüstung aus Nussschalen. Auch hier kann man alle nötigen Objekte in der Natur finden. Man muss sie nur kreativ kombinieren. Der Figur liegt das »Strichmännchen-Prinzip« zugrunde, und ein Foto diente als Gedächtnisstütze für die Schmetterlingsflügel.

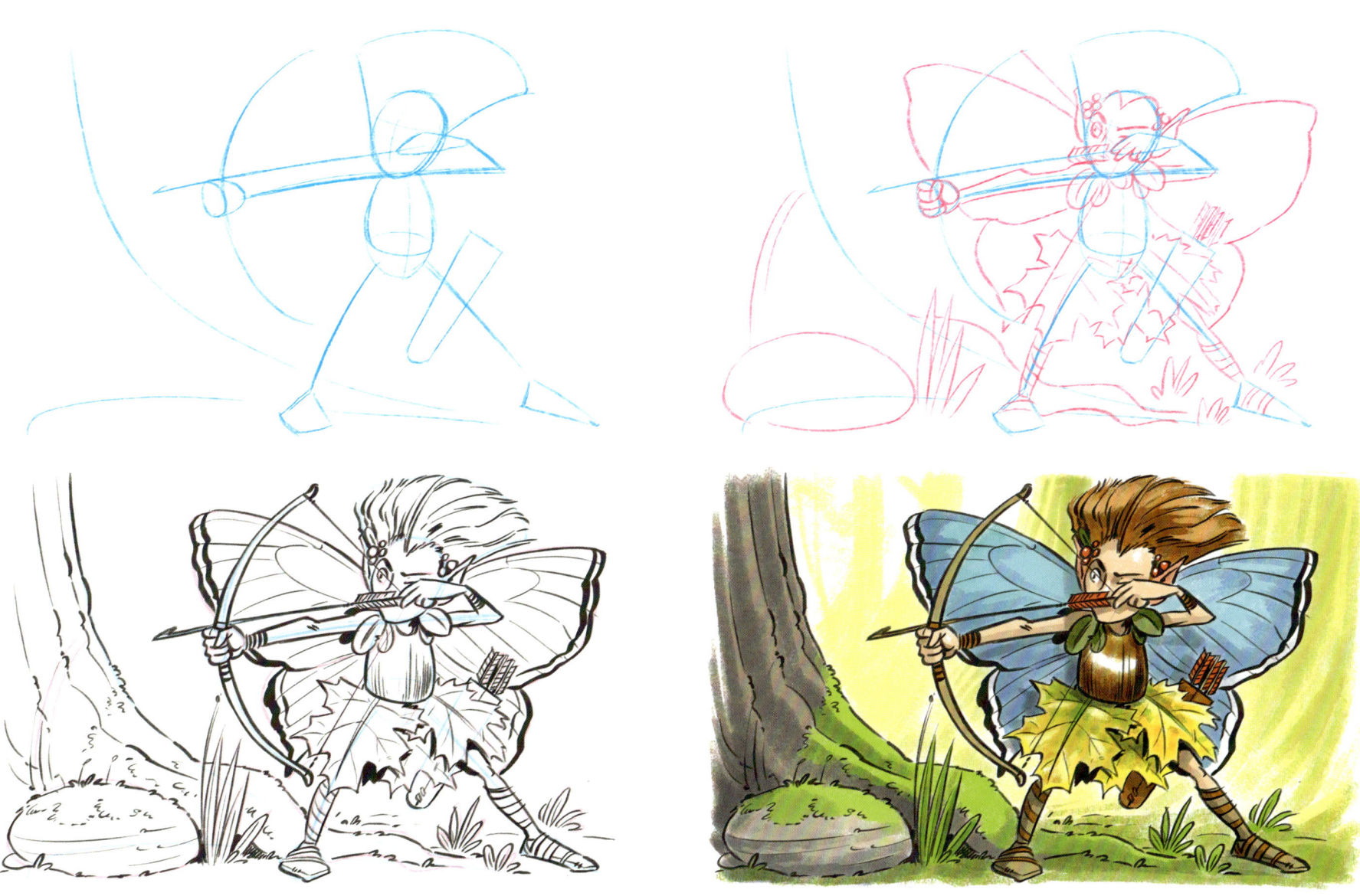

BALLERINA

Das Strichmännchen kennst du ja. Zeichne Arme und Beine nie kerzengerade. Ihre Formen sind stark von Schwüngen und Gegenschwün-gen geprägt. Sie sollen die wirkenden Kräfte zur Seite lenken und somit abfedern. So wölbt sich der Unterschenkel leicht nach hinten und nach außen. Man kann diese Linien auch ein wenig übertreiben. Dadurch wirkt die Zeichnung noch lebendiger.

FREECLIMBER

Wenn du diesen Extremsportler zeichnen willst, solltest du schon ein bisschen Ahnung von Muskeln haben. Leider ist hier zu wenig Platz, näher auf dieses Thema einzugehen. Zum Glück für junge Zeichner gibt es jede Menge tolle Bücher, die sich mit anatomischem Zeichnen befassen.

ZAUBERER

Körper, Arme und Beine dieses Zauberers sind wieder einmal mit dem Ziel gezeichnet, die Bewegung so schwungvoll wie nur möglich darzustellen. Das klappt auch gänzlich ohne anatomisches Vorwissen. Ich habe keine Ahnung, was er mit dem Kaninchen vorhat. Das Kaninchen offenbar auch nicht.

IM ORCHESTER

Für den Betrachter ist eine Bewegung am schnellsten zu erfassen, wenn sie bereits in der Silhouette der Figur erkennbar ist. Achte daher darauf, dass sich die Extremitäten der gezeichneten Figur möglichst nicht vor oder hinter dem Körper befinden! Die Bewegung des Dirigenten ist viel deutlicher zu »lesen« als die des Sologeigers.

EINE SCHNEEFLOCKE

... macht noch lange keinen Winter. In diesem Bild geht es nur auf den ersten Blick um die Figur. Es geht vielmehr um den Schlitten und um die Farbstimmungen im Hintergrund. Diese sollten nicht zu »bunt« werden. Man spricht auch von »gedeckten« Farben. Am besten erreichst du das, indem du allen Farben ein wenig von ihrem Komplementärton beimischst (siehe dazu Seite 14).

SURFERIN

Zum Schluss noch ein kleines Sehnsuchts-bild vom Meer. Die Figur der Surferin ist nicht schwer zu zeichnen. Achte darauf, wie sie die Beine durchdrückt. Auch hier ist die Farbstim-mung die größte Herausforderung.

ÜBER DEN AUTOR

Jan Reiser wurde 1978 im bayerischem Ort Tegernsee geboren und zeichnet schon, seit er denken kann. Vielleicht auch anders herum. Der Stift wurde ihm von seinem Vater, einem Kunstmaler und Karikaturisten, bereits in die Wiege gelegt. Später vertiefte er seine Fertigkeiten an der Fachhochschule München und machte einen Abschluss als Diplom-Kommunikationsdesigner. Anfang des Jahrtausends knüpfte er erste Kontakte zur Münchner Comicszene und dem Comic-Verein *Comicaze e. V.*, in dem er weiterhin aktives Mitglied ist und in dessen kostenlosem Magazin er regelmäßig veröffentlicht.

Seit 2006 lebt und arbeitet er als freischaffender Illustrator und Comiczeichner in München, hat viele Comics und Bücher veröffentlicht und arbeitet mit zahlreichen Verlagen und Werbeagenturen zusammen. Zwischen 2007 und 2013 war er als Privatdozent für Zeichnen und Illustration an der *IFOG Akademie München* tätig. Seine Comics und Editorial-Illustrationen für die *Süddeutsche Zeitung für Kinder* dürften vielen Heranwachsenden ein Begriff sein. Die Zeichen-Kolumne *Strich und Farben* erschien zwei Jahre lang jeden Samstag im Gesellschaftsteil der SZ.

ICH HOFFE, DU KONNTEST DIR IN DIESEM BUCH EINIGE HILFREICHE TIPPS UND ANREGUNGEN HOLEN. BLEIB DRAN, UND VERGISS NICHT: MIT JEDEM STRICH WIRST DU BESSER.